武术运动基本训练

蔡龙云　著

人民体育出版社

图书在版编目（CIP）数据

武术运动基本训练 / 蔡龙云著. -- 北京 : 人民体育出版社, 2013 (2024.11重印)
ISBN 978-7-5009-4303-7

Ⅰ. ①武… Ⅱ. ①蔡… Ⅲ. ①武术—基本知识—中国
Ⅳ. ①G852

中国版本图书馆CIP数据核字(2022)第030552号

*

人民体育出版社出版发行
三河兴达印务有限公司印刷
新 华 书 店 经 销

*

880×1230 32开本 7.25印张 179千字
2013年2月第1版 2024年11月第11次印刷
印数：48,001—51,000册

*

ISBN 978-7-5009-4303-7
定价：28.00元

社址：北京市东城区体育馆路8号（天坛公园东门）
电话：67151482（发行部） 邮编：100061
传真：67151483 邮购：67118491
网址：www.psphpress.com
（购买本社图书，如遇有缺损页可与邮购部联系）

作者简介

蔡龙云　汉族，山东济宁人，1928年11月生。中共党员。中国著名武术技击家、理论家、教育家，上海体育学院教授。中国武术九段，国际级武术裁判。

曾任上海体育学院武术教研室主任、体育系副主任，上海市武术协会副主席，上海市职工武术气功协会主席，国家体委武术研究院副院长，中国武术协会副主席，中国武术学会副主任，中华全国体育总会委员，第7届全国政协委员。

幼年习武，擅长华拳、少林、太极、形意诸技，尤精技击。1943年、1946年，先后在上海与西洋拳击家比赛，以中国拳法击败俄国拳击家马索洛夫、美国重量级拳击冠军鲁赛尔，被人们誉为“神拳大龙”。1953年，在全国民族形式体育竞赛暨表演大会上获“优秀奖”；后入选国家队并兼任政治辅导员。1956年开始，屡任国际国内武术比赛裁判长、总裁判长，任第11届亚运会武术竞赛委员会主任。

多年从事武术教学、科研和管理，卓有建树。著有《武术运动基本训练》《华拳》《剑术》《少林寺拳棒阐宗》和《琴剑楼武术文集》等专著十余部。曾主编我国第一部《武术竞赛规则》，参与编写全国体育院校通用《武术》教材。在报纸杂志上发表学术性、技术性、知识性文章七十余篇。

为武术事业作出卓著的贡献，1959 年被国家体委授予“第 1 届全国运动会先进个人”；1983 年任全国武术遗产挖掘整理工作组副组长，1984 年获国家体委授予“全国武术挖整工作先进个人”；1985 年被评为“全国体育优秀裁判员”，同年，被授予“新中国体育开拓者”荣誉奖章；1988 年荣膺中国国际武术节“武术贡献奖”。1991 年起，享受国务院颁发的“政府特殊津贴”；2008 年，上海市教育委员会为他建立了“蔡龙云大师工作室”。

序 言

武术，是以踢打摔拿击刺等攻防技术动作为主要内容，按照攻防进退、动静疾徐、刚柔、虚实等矛盾的对立统一规律编成徒手的和器械的套路，以此来锻炼体质、培养意志、训练格斗技能的民族形式的体育运动。它具有悠久的历史传统和广泛的群众基础，是劳动人民长期以来在社会实践中不断积累和丰富起来的一份文化遗产。武术除了套路形式的运动之外，也还有搏斗形式的运动。远在原始公社氏族社会时期，武术就以“角抵戏”等搏斗形式和“干戚舞”等套路形式出现在部落里，作为氏族成员的军事体育项目。

在长期的发展过程中，武术已经提炼出一套比较系统的锻炼方法。譬如在学习武术的拳术或器械之前，首先要加强基本训练。基本训练里就包含了腿部、腰部、裆步、桩功、鼎臂、手眼及平衡、跳跃、跌扑、滚翻、旋转、折叠等动作的种种训练。这些训练，都有它们一定的训练目的和训练方法。例如腿部的训练方法就有压、扳、劈、撕、控、踢六种，而每一种训练方法中又有各种不同的训练方式来共同完成训练目的。拿腿部训练的扳腿方法来说，有吻、卧、抱、端、蹬五种方式。这种比较完整的科学的锻炼方法，不仅有助于练习者在锻炼过程中少走许多弯路，有助于武术运动水平的迅速提高，同时也有助于身体素质的全面发展。

1957 年我根据自己多年来从事武术锻炼的体会写了《武术运动基本训练》一书。

本书出版后，深受广大群众的喜爱，对影坛功夫巨星李小龙先生也“影响很大”。李建豪、鲁云在《李小龙与中国传统武术渊源》一文（载于2003年《武林》第11期）中这样写道：“他买来了中国华拳名家蔡龙云所著的《武术运动基本训练》和《一路华拳》等书，开始了严格的自我训练。”“在参阅蔡龙云的著作刻苦训练了一段时间基本功夫之后，小龙的腰和腿运用得更加自如了，他甚至可以像别人用手一样随心所欲地出腿。”“李小龙生前唯一出版的个人专著《基本中国拳法》一书的武术基本功训练一章便是译自蔡龙云的这本著作。”“此外，小龙日后在长堤空手道锦标大赛上和影片《龙争虎斗》中都表演过的‘击步三不落地旋风脚’，更成为小龙生平武术表演的得意之技。这当然也是源自蔡龙云专著的指导。”

本书自1958年出版以来，虽曾两次再版，但和读者们毕竟是很久不曾见面了，多年来，许多读者希望本书能再版问世。今年，在上海市教育委员会建立的“蔡龙云大师工作室”的工作规划中，我对本书作了一些修订，由人民体育出版社给予再版。愿我的这本拙著仍能为大众服务，为读者所喜爱。

蔡龙云

2012年2月于上海

目 录

第一章 基本功训练

武术，是一种需要身体各部肌肉、各个关节以及内脏器官都参加活动的运动。膝关节、髋关节和肩关节的灵活性以及腰部的柔韧性、上下肢的力量和气息的调动，在武术运动中起着决定性的作用。武术家们常说："打拳不溜腿，到老冒失鬼；练拳不活腰，终究艺不高。"又说："练功先站裆，大鼎（倒立）增力量。""腰要柔，腿要活，拳脚舞动赛流星；桩要站，鼎要拿，劲力稳固托泰山。"（《华拳谱》）"未习打，先练桩。"（《少林拳法秘诀》）这充分说明武术水平的提高，首要的条件就是腰、腿、裆、鼎和桩功等发展身体素质的基本训练；也充分说明中国武术很早就有了系统的训练方法。

武术运动的基本功训练，包括腿部、腰部、裆步、桩功、鼎臂、手眼、冲拳七个主要部分。进行基本功训练，像腿部训练还需要具备一些训练器具。现在，以肋木最为理想；但在过去，一般是以桌子、凳子、墙壁、窗台等日常用具来进行锻炼的。读者在锻炼的时候，如果没有肋木设备，也不妨利用家中现有的器具作为训练器具。

第一节　腿部训练

1. 压腿

(1) 正压——按腿

图 1

【动作】①面对训练器具（指桌、凳、墙壁、窗台或肋木，以下均同），离开两小步站立；②将右腿提起用脚跟搁在器具上，脚尖上翘，膝部挺直，高度齐腹；左腿支撑站立，膝部挺直，脚尖正对训练器具；③两手五指交叉，按在右膝上，眼看右脚尖；④两臂屈肘，上身前俯下压，略停片刻，然后上身直起还原，接着再前俯下压（图 1）。右腿经数次俯身按压之后，换左腿搁上（以下各种腿部训练，均须左右轮换，不再另述）。

【目的】锻炼股二头肌、半腱肌、半膜肌及腓肠肌等，增强肌腱的伸展机能；并锻炼膝关节内外侧的韧带，增强韧带的坚韧性。为将来的踢腿动作作好准备，为蹬腿或踢腿时膝关节内外两侧韧带所必须担负的力量打好基础。

【说明】①俯压的要求，必须是：挺胸、直背、挺膝、坐胯（搁在训练器具上的腿，胯部向后下坐），身前探，脚勾紧。②俯压的次数，可以根据自己的具体情况来决定，一般说来，在初练阶段压 10～20 次，然后逐渐增加（以下各种动作均同此，不再另述）。③俯压的程度，初练阶段不要压得过低，过低了很可能拉断肌肉纤维，锻炼了一个时期，自己感到可以俯低时再压低。④正压腿经过一个时期的锻炼，搁脚的高度也可渐渐加高，但不应超过胸部，否则就不成为压腿了。

（2）侧压——压腿

【动作】①身体右侧对训练器具，离开两小步站立；②将右腿提起用脚跟搁在器具上，脚尖上翘，膝部挺直，高度齐腹；左腿支撑站立，膝部挺直，脚内侧正对训练器具；③左手叉腰，右手握拳以前臂压在胯部上面；④上身向右侧屈下压，略停片刻，然后上身直起还原，接着再侧屈下压（图 2）。

图 2

【目的】除了继续锻炼正压腿动作中的各组肌腱及韧带外，对髂股韧带、腹股沟韧带、股阔筋膜及梨状肌、长收肌的伸长和外展都能起到有效的锻炼，为将来的外摆腿、侧踢、侧蹬等动作创造了肌肉和韧带伸缩如意的条件。同时，由于上身的侧屈，还锻炼了腹外斜肌和腰肌以及腰背部的筋膜。

【说明】①侧压的要求是：挺胸、直背、挺膝、开胯（髋关节外展），身侧屈，脚勾紧。②侧压经过一个时期的锻炼之后，支撑腿的脚尖应逐渐地外展，加大开胯的幅度，这样更能增强髋关节外展的机能。③侧压腿练到后期，在增加高度时，左臂变为屈肘上举，右臂则垂于裆前，上身尽量侧屈，用左手去碰或握右脚尖，这对上述的肌腱、韧带、筋膜的锻炼就会相应地提高（图 3）。

图 3

(3) 斜压——沉腿

【动作】①身体的右后斜方对训练器具；②将右腿提起向后伸，用脚内侧搁在器具上，使腿的内侧朝下，膝部挺直，脚面绷直，高度齐腹；左腿支撑站立，膝部挺直，脚跟斜对器具；③两手反叉腰，虎口朝下；④上身向右后方仰屈下压（图 4）。

图 4

【目的】锻炼耻骨肌、长收肌、股薄肌、大收肌、股内肌、缝匠肌和股直肌的伸长以及小腿横韧带和十字韧带的坚韧，为武术动作中的前后“劈叉作好准备。同时也锻炼了髋关节囊、髂股韧带、股圆韧带的弹性和滑润性，促使髋关节的灵活，并对腹直肌也起了锻炼作用。

【说明】①斜压的要求，必须使小腹在上身后屈时向前挺凸，否则，只是仰胸弯腰就不能起到沉压的作用。②斜压的高度，开始阶段要低一些，可与支撑腿的膝部相齐，以后逐渐加高到与腹部齐。

(4) 反压——反抬腿

【动作】①面对训练器具站立，两手扶住器具，上身略前俯；②将右腿提起伸向身后，由助手握住，膝和脚尖都要伸直、绷直；左腿支撑站立，膝部挺直，脚尖正对器具；③助手将右腿慢慢向上抬举，至一定的高度时略停片刻，然后徐徐放下，接着再慢慢向上举（图5）。

图5

【目的】锻炼髋关节向后反转的灵活性，加强大小腿前面的股直肌、股四头肌、缝匠肌、髂腰肌以及腹股沟韧带的伸展，并使阔筋膜张肌的扩张性加大。

【说明】①反压的要求，在助手抬腿上举的时候，练习者必须抬头、挺胸、腰后弯，身正、肩平、眼上看，借以锻炼腰脊的柔软。②助手托握的部位，是右手握住练习者的右脚，左手托住右腿膝部，这样可以防止腿的弯曲。③助手向上举腿时，要防止练习者支撑腿的脚跟离地掀起。④如果没有助手，可以找一种较高的家具和两件较矮的家具，两手扶住较矮的，把腿搁在较高的上面，伸臂、仰身向后弯腰，也能进行锻炼。

(5) 高腿

这是在压腿训练逐步提高的基础上进一步增加高度的训练方法。高腿训练一般分为正面和侧面两种，而这两种又分为收胯和放胯两种方式。这些高腿训练和其他腿部训练一样，也是需要左右轮换锻炼的。

(甲) 正面高腿

【动作】 面对训练器具（最好是墙壁）站立，将右腿提起从面前向上举过头部，用脚跟靠在器具上，脚面绷直，膝部伸直；两手抱住小腿；左腿支撑站立，膝部挺直，脚尖正对器具；上身向右腿紧贴靠拢（图 6）。这是放胯势的高腿训练。收胯势的高腿训练，是靠在训练器具上的腿不宜高过头部，脚尖不绷直而是勾回，使前额能够碰到脚尖（图 7）。

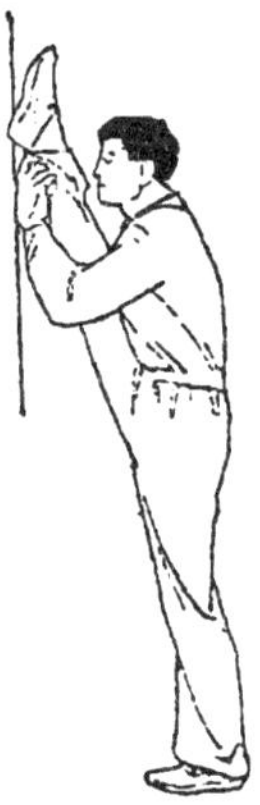

图 6

图 7

【目的】 进一步加强腿部肌腱和韧带的锻炼，特别是锻炼髋关节的滑润和灵活性。

（乙）侧面高腿

【动作】身体右侧对训练器具站立，将右腿提起从体侧向上举过头部，用脚跟靠在器具上，脚尖上翘，膝部伸直；右手垂于裆前，左手上举握住右脚；左腿支撑站立，膝部挺直，脚内侧朝向训练器具，脚尖稍向外展；上身以右肩向右腿紧贴靠拢（图 8）。这是放胯势的侧面高腿。另一种收胯势，只要使股骨下缩，脚不过头，脚尖碰着右耳就可。

图 8

【目的】同前。

【说明】高腿训练没有一俯一仰或侧屈的动作，而是靠在那里不动，术语叫做 “耗腿”。耗腿是按时间的分秒来计算它的运动量，初步可耗 3～5 分钟，然后逐渐增加。

2. 扳腿

(1) 吻靴

【动作】①并步站立，右腿屈膝略蹲，左腿伸向身前，膝部挺直，脚尖翘起，脚跟着地；上身前俯，右手握住左脚内侧，左手握在左脚外侧；眼看左脚尖（图 9）；②两臂屈肘，两手用劲向后拉，上身尽量前俯用嘴去触及脚尖（图 10）；③略停片刻，上身直起，两臂伸直，接着再做第 2 次。

图 9

图 10

【目的】 主要是锻炼小腿后部的腓肠肌、比目鱼肌及跟腱的伸长性，同时也锻炼了小腿前部的胫骨前肌和肌腱的收缩性。另外，由于屈膝下蹲，也锻炼了腿部肌肉的力量与弹性。

【说明】 ①扳腿吻靴的要求，必须是挺胸、直背、塌腰、身前探，挺膝、坐胯、收肘、咬脚尖。②扳腿吻靴的锻炼比较艰苦，初练阶段可以先使头顶去试图“顶”到脚尖，待练到头顶能够碰及脚尖后再试图以前额去“叩”及脚尖，继而进一步以嘴去“吻”及脚尖，最后要练到以下巴颏儿去“拂”脚尖。所谓“顶、叩、吻、拂腿练到，筋长一分力量巧”（《华拳谱》）。③扳腿吻靴也可以在器具上进行练习，支撑腿伸直，不必屈蹲，其他动作均同上。

⑵ **卧靴（左右卧）**

【动作】 ①并步站立，右腿屈膝略蹲，左腿伸向身前，膝部挺直，脚尖翘起，脚跟着地；上身前俯；右手满握左脚，手心与脚心相合，左手反叉腰部；眼看左脚尖（图 11）；②上身左转，以身体右侧倒向左腿，右臂屈肘，用头顶去触及脚尖（图 12）；③略停片刻，上身直起，右臂伸直，接着再做第 2 次，这是“右卧靴”。

图 11

图 12

“左卧靴”的动作是：①并步站立，右腿屈膝略蹲，左腿伸向左斜前方，膝部挺直，脚尖翘起，脚跟着地；上身稍右转；右臂屈肘上举，左手抱在右腋处；眼看左脚尖（图 13）。②上身以左侧倒向左腿，用右手抓住左脚，使左耳部向左腿贴紧（图 14）。③略停片刻，上身直起，接着再做第 2 次。

图 13

图 14

【目的】一方面锻炼腿部的肌腱和韧带，另一方面锻炼腹外斜肌、背阔肌、冈下肌等肌肉群，间接地也锻炼了腰部的柔软性，所以《华拳谱》里说：“左右把靴卧，练腿又练腰。”

【说明】①扳腿卧靴必须以身体的侧面倒卧在腿上，不能用胸部俯在腿上。②先做一种侧卧练习，连续做几次后再换做另一种，不要做一次左侧卧接着就做右侧卧。

(3) 抱靴

【动作】①右腿支撑站立，膝部挺直；左腿屈膝在身前提起；②左手抱住左腿胫骨；右手握住左脚，手心与脚心相合；③两手像抱东西那样把左腿尽量向上抱起，使左膝内侧能够紧贴到左胸上（图 15）；④略停片刻后，两手放下回至第 2 动，接着再向上抱起。

图 15

【目的】扩大髋关节的运动面，并锻炼平衡感官的性能。

【说明】①向上抱腿时，要求挺胸、直背，支撑腿挺直，站稳；②向上抱腿，停顿的时间要稍长一些，借以增强单腿独立的平衡能力。

(4) 端靴

图 16

【动作】①右腿支撑站立，膝部挺直；左腿屈膝在身前提起；②右手握住左脚，手心与脚心相合；左手反叉腰，虎口朝下；③左腿向前上方慢慢地蹬伸，膝部挺直；右手在左腿蹬伸的同时，用力将左脚向额前扳近端住；眼看脚尖（图 16）；④略停片刻后，左腿屈膝回至第 2

动，接着再做第2次。

【目的】进一步加强腿部肌腱和韧带的柔韧锻炼，同时也锻炼了前庭器官的机能。

【说明】①扳腿端靴，要求挺胸、直背、收胯，支撑腿挺直，站稳。②初练阶段可以将叉腰的手去扶住器具进行练习。

(5) 蹬靴（朝天镫）

【动作】①左腿支撑站立，膝部挺直；右腿屈膝在身前提起；右手从里面托住右脚跟；左手叉腰或侧平举（图17）；②右手将右腿从身体右侧向上举起蹬直，脚尖翘起（图18）；③略停片刻，屈膝回至第1动后再做第2次。

图17

图18

【目的】同前。

【说明】①蹬靴要求上蹬的腿能够贴紧耳侧或扳向头后，练习时必须挺胸、直背、开胯，支撑腿站稳。②每次蹬举，静止的时间应稍长一些。③初练阶段，左（右）手可以扶住器具进行练习。

扳腿训练的吻、卧、抱、端、蹬五种方法，必须在压腿锻炼有了较显著的进步之后才进行练习。它是锻炼腿部柔韧和灵活的第 2 步，并不是与压腿同时进行练习的。但在压腿锻炼有了一定的进步之后，两者成为每天锻炼的两个程序，也是可以的，并不是说进行扳腿锻炼时绝对不能做压腿练习或者进行压腿锻炼时绝对不能做扳腿练习。

3. 劈腿

(1) 前劈叉

【动作】①左腿屈膝下蹲，右腿伸向身后，两手在身体两侧扶地；②右腿慢慢地向后伸直，左腿同时也慢慢地将膝伸直，两腿前后分开着地；前腿以腿的后侧贴地，脚尖上翘；后腿以腿的前侧贴地，脚面绷直；上身正对前方，两臂伸直（图 19）；③略停片刻，然后上身从右向后转，右脚尖变为上翘，左脚尖变为绷直，改成右腿在前、左腿在后的前劈叉。

图 19

【目的】锻炼髋关节前后屈展的柔韧性。

【说明】①两腿劈开的时候不要过猛，否则对缺乏锻炼有素的人来说很容易使髋关节脱臼，也容易拉伤肌肉纤维，应该慢慢地劈开，慢慢地着地和转身。②初练阶段，在身体两侧放置两个矮凳子，用两手或两肘扶凳，两腿前后分并，根据自己具体情况来调整两腿离地的高低，这样经过一个时期的锻炼，就可使腿贴着地面了。③劈腿时，不论能否贴着地面，两腿都必须挺膝伸直。④初练阶段，不论能否贴着地面，最好坚持 15～30 秒钟的时间，然后转身换腿。

(2) 横劈叉

【动作】①两腿屈膝下蹲，两手在身前扶地；②两腿慢慢地分向左右劈开伸直着地，都以腿的后侧贴地，脚尖上翘（图 20）；③略停片刻，然后两腿屈膝收回还原，接着再做第 2 次。

图 20

【目的】主要使髋关节处的韧带与筋膜极度柔韧，促使髋关节的外展幅度增强。

【说明】①横劈叉的另一种方式叫做“俯叉”，它用两手扶住两小腿，上身向前俯倒以胸贴地，两腿都以内侧贴地（图 21）。②横劈叉初练阶段，可以在身前放置一个矮凳子，将身体俯撑在凳上，两腿左右分开，根据自己的具体情况来调整两腿离地的高低。③横劈叉的两腿都必须挺直，成为一条横的直线。

图 21

(3) 卧叉

卧叉是在横劈叉的基础上做像“左右卧靴”那样的练习（图22）。这样就间接锻炼了上身两侧的肌肉。

图 22

(4) 跳叉

跳叉的动作是两腿向上一前一后跳起，在空中做成“前劈叉”的姿势随后落地。这个动作要求姿势非常正确，否则落地时，后腿的髌骨会受到损害，因此在初练阶段不要跳得过高，要逐渐增加高度。

4. 撕腿

(1) 站立侧撕腿

【动作】①立正站立，左臂屈肘上举，左手手指朝右，手心朝上；右手由助手的右手握住；②将右腿提起，由助手的左手托住右脚跟，膝部挺直，脚尖上翘；高度与助手的肩部平齐；③助手拉紧练习者右手，将其右腿从侧方向上、向头后部推举（图 23）；④略停片刻，放下右腿换左腿做。

图 23

【目的】借助外力加强腿部的柔韧训练。

【说明】①助手撕腿，必须凭手里的感觉来决定推举的程度，撕拉过分容易拉伤韧带和肌腱纤维，但也不能过分偏松，偏松了就失去撕腿的效果，最好能使练习者微微地感到有些酸痛，这样收效才大。②练习者必须保持挺胸、直背、挺膝、开胯，防止臀部后凸或弯腰。

(2) 卧倒正撕腿

【动作】①仰卧在凳上或地上，右腿伸直不动，左腿在身前向上举起；②助手用右手按在练习者的右膝部，左手按在练习者的左脚跟，用力下按，使左脚尖接近头部（图 24）；③略停片刻，换右腿做。

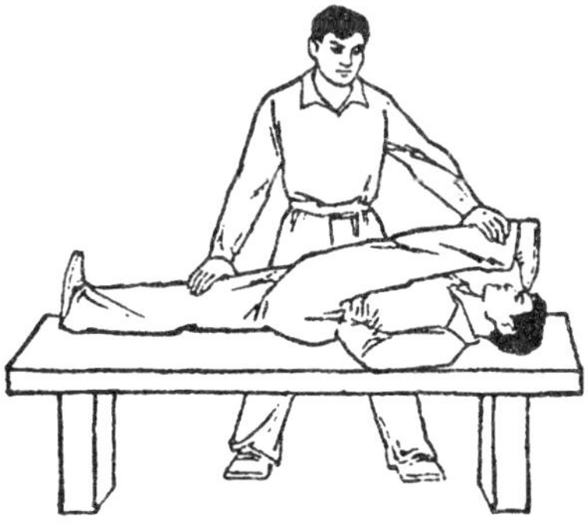

图 24

【目的】借助外力锻炼腿部柔韧的强度，特别是向前上的柔韧强度。

【说明】①卧倒正撕腿也须凭助手的感觉来决定按压的程度。②最好在凳子上钉一个布圈，将一腿套住扣牢膝部，这样助手便可用两手来按压伸向头部的另一腿。

5. 控腿

(1) 前控腿

【动作】①并步站立，右手扶持右侧的训练器具，左手叉腰；②左腿屈膝在身前慢慢地提起，脚尖绷直（图 25）；③左腿继续慢慢地向身前平伸控住（图 26）；④略停片刻，左腿慢慢屈膝回至第 2 动；⑤左脚落地并步，然后再做第 2 次。

图 25

图 26

【目的】锻炼腿部前面肌腱的收缩机能和控制能力，为武术套路运动中的静止性蹬腿、举腿定型动作奠定基础。

【说明】①前控腿分绷脚和蹬脚（翘脚尖）两种。蹬脚的练习方法，就是在腿向前伸出时脚尖要上翘用脚跟蹬出。这两种方法必须轮换锻炼，不可偏一。正像《华拳谱》里所说的那样：“踢足（绷直脚面）长前筋（增长腿前肌腱的收缩力），蹬腿（翘脚尖）拉后腱（拉长腿后的肌腱）。”两者的锻炼效能是相应结合的。②要保持挺胸、直背、塌腰、身正、肩平的身法要求。

(2) 侧控腿

【动作】①并步站立，右手扶握右侧的训练器具，左手叉腰；②左腿髋关节外展、屈膝在体侧慢慢地提起，脚面绷直（图 27）；③左腿继续慢慢地向左侧平伸控住（图 28）；④略停片刻，左腿慢慢屈膝回至第 2 动；⑤左脚落地并步，然后再做第 2 次。

图 27

图 28

【目的】同前。

【说明】①侧控腿也分绷脚和勾脚两种，须轮换锻炼。②侧控腿时，必须使腿正向侧方，不要有丝毫偏斜；上身要端正，不可倾斜；髋关节尽量外展。

(3) 后斜控腿

图 29

【动作】①并步站立，右手扶握右侧的训练器具，左手叉腰；②左腿髋关节外展、屈膝在体侧慢慢地提起，脚面绷直，与图 27 同；③左腿继续慢慢地向左后斜方平伸控住，腿的内侧朝下（图 29）；④略停片刻，左腿慢慢屈膝回至第 2 动；⑤左脚落地并步，然后再做第 2 次。

【目的】锻炼腿部肌肉的外展、伸张和控制能力。

【说明】①后斜控腿在锻炼时上身很容易向前倾俯，这是绝不允许的，一定要保持身体正直。②后斜控腿的高度，一般来说是不大容易增高的，锻炼时不要过于心急，必须由低到高地循序渐进。③后斜控腿一般的只有绷直脚面一种，不必练勾脚势的那一种。

(4) 高控腿

高控腿训练是在正、侧控腿有了进展的情况下才开始锻炼的，它是正、侧控腿的最高点。它的动作和“前控腿”“侧控腿”完全相同，只是它的高度前控要使腿脚接近面额，侧控要使腿脚接近耳旁。按这样的要求当然是很不容易的，但必须按这个要求努力，要做到离这个要求不远。高控腿一般只限于正侧面，后斜控腿虽然也可以举得高一些，但受股骨大小粗隆和髋骨接连的限制，在身体直立的情况下很难达到最高点。高控腿是增强腿部肌肉和髋关节收缩、伸展、柔韧、灵活、外张等性能的训练，也是肌肉控制性能的进一步的训练。

6. 踢腿

(1) 前踢

【动作】①并步站立，双手叉腰；②右脚向前一步，左腿膝部挺直，脚尖勾紧，从后向前、向上、向前额处踢起（图30）；③左脚落下与右脚并拢；④左脚向前一步，右脚向前额处踢起。如此轮换连续前踢。

图30

【说明】①前踢腿要求：头要正，顶要平，胸要挺，背要拔，腰要塌，胯要收，腿要直，脚要勾。②防止上身前俯、后仰，防止支撑腿弯曲、拔跟（脚跟离地掀起）。③前踢时应以小腿用力上摆去带动大腿，不要以大腿去带动小腿，这样才能使踢腿的速度和力量得到锻炼。④踢腿时也可以不叉腰，将两臂侧平举，这样比较容易保持身体的平衡。

(2) 斜挂

【动作】①同前踢；②左脚从身前向右耳侧旁斜踢上去（图31）；③④同前踢。

图31

【说明】上身保持正直，踢左腿时不要向左歪斜，踢右腿时不要向右歪斜。

(3) 侧踢

【动作】①右手握拳（或掌），右臂屈肘上举，左手握拳垂于裆前；两脚丁字步（右脚尖正对身前方，左脚跟靠在右脚内侧使脚尖正对左侧方）站立；②右脚向左迈一步，左腿膝部挺直，脚尖勾紧，从后向左、向上、向脑后踢起（图32）；③左脚落下成丁字步；④左脚向前一步，脚尖外展；上身随之向左后转，左拳（或变掌），左臂屈肘上举，右拳垂于裆前；⑤右腿从后向上踢起。左右连续轮换做。

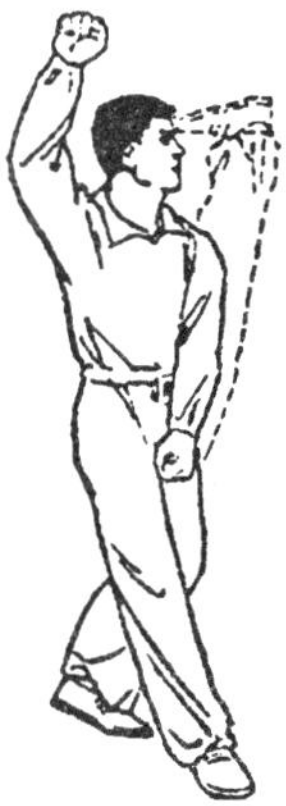

图 32

【说明】侧踢腿常犯的毛病，是在踢腿时容易形成前踢，因此两脚一定要保持丁字状，上身要防止踢左腿时左转，踢右腿时右转。

(4) 外摆

【动作】①并步站立，两手侧平举；②左脚上一步，右腿膝部挺直，脚尖勾紧，从后向身体左侧踢起，经面部向右侧外摆（图 33、图 34）；③右脚从身体右侧落下并

图 33

步；④右脚上一步，左腿向右侧踢起做外摆。如此轮换做。

图 34

【说明】①外摆腿很容易使小腹内缩、上身前倾，这样就不能使髋关节的灵活得到充分锻炼，因此腰腹必须挺直。②外摆的幅度要大，应使腿与体侧成 180° 的直面，不要在摆到斜前方时就落下，这样就不能扩大肌肉的振幅。

(5) 里合

【动作】①同外摆；②左脚上一步，右腿膝部挺直，脚尖勾紧，从后向前踢起，高不过腰（图 35）；③上动未停，右腿向下、向后摆荡，上身趁势右转；④右腿继续从身体右侧向上经面部向里回环踢摆，上身趁势左转正对前方；⑤右脚落地并步（图 36）；⑥换左腿做。

图 35

图 36

【说明】①里合腿向前踢摆时不要像“前踢”那样用力，而向后摆荡时要趁摆荡的惯性迅速用力使腿向上踢起；上身的转动也必须和腿的后摆协调一致。②经面部向里回环时要有意识地使腿的内收肌很快地收缩，这样才有里合的力量。③里合腿在上身转动时，支撑腿的脚不可移动，要使脚尖始终正对前方。

(6) 倒踢

【动作】①并步站立，两手侧平举；②左脚上一步，右腿膝部挺直，脚尖勾紧，从后向前踢起，高过腰部；③在右腿落下时即从前向下、向后、向上屈膝回环踢起，用脚掌去碰及头部，上身趁势弯腰后仰以迎右腿（图 37）；④右脚落下并步，换左腿做。

图 37

【说明】①倒踢时，身体与腿必须构成环状，支撑腿必须站稳。②倒踢时两臂也可以从身前向上、向后随上身后仰而摆动。③在初练阶段，两手可以扶持墙壁、桌椅等器具来锻炼，但也要抬头、仰身、腰后弯，不要形成身体前俯。

踢腿训练的前踢、斜挂、侧踢、外摆、里合、倒踢等动作，都是在腿部肌肉、韧带和关节经过压、扳、劈、撕、控等静止性锻炼之后的活动性锻炼。这种活动性训练的目的，是使那些肌腱和韧带直接地投入运动，训练它们的运动性能，锻炼它们的弹性、柔软、伸展、振幅和力量。这六种踢腿的运动量，初练者一般地可以每次两腿各踢 20 次，以后再逐渐增加到 100 次。

(7) 弹踢

【动作】①并步站立，两手叉腰；②左脚向前上一步，左腿屈膝下蹲；右腿在身后屈膝，右脚离地提起，脚面绷直；③右脚绷直着脚面从后向前踢出，高度不超过左腿膝部（图 38）；④右脚向前落步，右腿屈膝，换左脚弹踢。

图 38

【目的】锻炼腿部肌肉的力量和速度，发展大腿内外侧的肌肉。

【说明】弹踢时，要迅速有力，支撑腿不可动摇，防止脚跟离地掀起；上身保持挺胸塌腰，防止拱背弯腰。

(8) 蹬踢

【动作】和前面讲到的“前控腿”“侧控腿”相仿，但须注意两点：①屈膝在身前或侧面提腿时，要快速，不是像“控腿”那样缓慢。②蹬踢时，脚尖勾紧用脚跟着力蹬出，不是像“控腿”那样慢慢伸出。

【目的】同前。

【说明】蹬踢时，支撑腿要挺膝伸直。

第二节　腰部训练

1. 前俯腰

【动作】①并步站立，两臂伸直上举，两手手心朝上，五指交叉握住；②上身前屈，两手在脚尖前贴地（图 39）；③两手松开向后抄抱，握住小腿下方，使面部紧贴胫骨前面（图 40）；④上身直起还原，两手再交握上举，做第 2 次。

图 39

图 40

【目的】锻炼腰椎的关节、软骨和韧带的柔软性，使腰椎在运动中能够达到前屈的极度。

【说明】①两腿必须并拢挺膝伸直。②面部要贴紧胫骨，如有可能最好使头顶碰及脚面。③初练阶段可做 10 ~ 15 次。

2. 侧俯腰

【动作】①同前俯腰；②上身左转，下肢不动；③上身向左腿外侧方俯下，两手在脚外侧贴地（图 41）；④上身直起回至第 2 动；⑤上身右转；⑥向右腿外侧方俯下。如此左右轮换做。

【目的】锻炼腰椎的柔软性，同时由于转体关系也锻炼了腹斜肌。

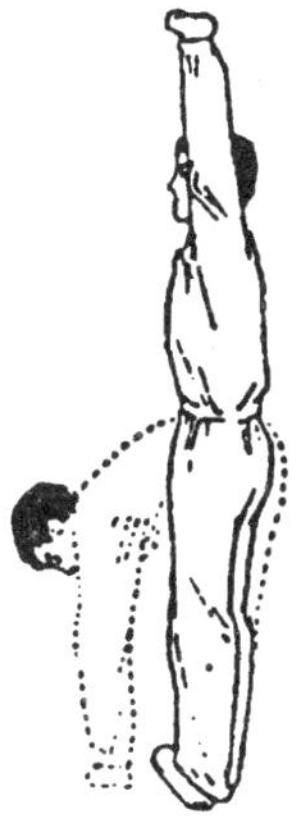

图 41

3. 转腰

【动作】①开步站立，上身前俯，两臂在身前自然下垂；②上身开始从前向左、向后回环转腰，两臂随身摆动（图 42）；③上动未停，上身继续向右回环转腰（图 43）；④左手随腰的转动从右侧向下扳握右腿脚踝，上身下俯以左耳贴于右小腿的外侧，右手顺势五指撮拢成钩手在身后上举（图 44）；⑤略停片刻，左手松开右踝，上身开始向右、向后、向左回环转腰。

图 42

图 43

图 44

【目的】锻炼腰椎的灵活，使它在运动中能够自然旋转。

4. 拧腰

【动作】①并步站立，右臂侧平举，手心朝下；左臂屈肘平举于胸前，手心也朝下；左腿支撑站立，右腿屈膝在身前提起（图 45）；②上身向右侧倾斜，左腿顺势稍屈膝，右腿向左侧伸出以右脚尖虚点地面（图 46）；③上动未停，以右臂为横轴、左脚掌为直轴，上身从左向上、向后拧腰翻转（图 47）。数次之后换从右向后拧腰。

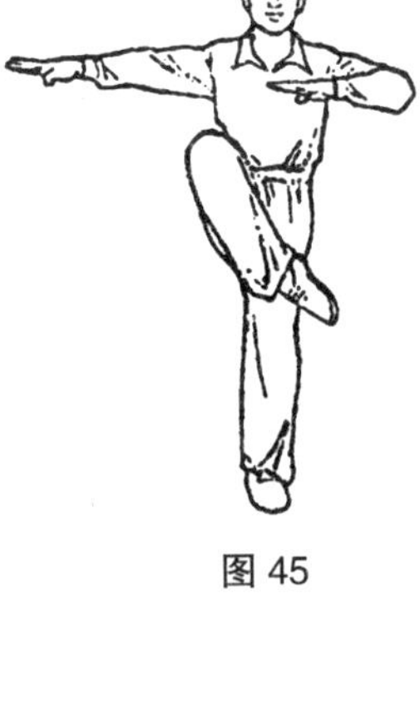

图 45

图 46

图 47

【目的】锻炼腰椎的旋转能力。

【说明】伸腿和拧腰的动作要一致，脚尖一点地面立即就要拧腰；拧腰要用腰劲，要快速、有力。

5．翻腰

【动作】①左腿在前，右腿在后，两腿交叉屈膝下蹲成歇步；左臂侧平举，手心朝下；右臂屈肘平举于胸前，手心也朝下；上身前俯使胸部接近膝部（图 48）；②上身从右向上、向后翻转，两臂随身转动（图 49）；③上动未停，上身继续向左、向下翻转，变成右腿在前、左腿在后的歇步（图 49 的虚线）；④开始向左翻腰。

图 48

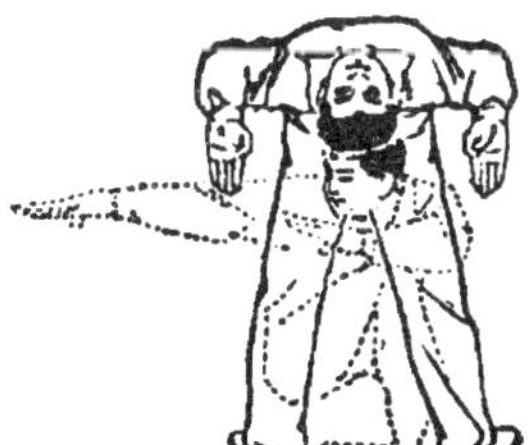
图 49

【目的】同前。

【说明】翻腰时，上身必须前俯构成翻转的横轴，翻转要猛而快，防止缩腹。

6. 弹腰

【动作】①开步站立，两臂由身前上举，手心朝上；抬头，眼看两手；②屈腰向后弯，使腰部向上下振摆弹动（图50）。

【目的】锻炼腰椎的坚韧和力量。

【说明】①屈腰后弯要形成稍大于90° 的角。②弹腰时必须用腰来上下振摆，不可用膝关节来弹动。③弹动的次数，初练时可做20～30次。

图 50

7. 甩腰

【动作】①同弹腰；②以腰、髋关节为轴，使上身向前、后屈体甩动（图51）。

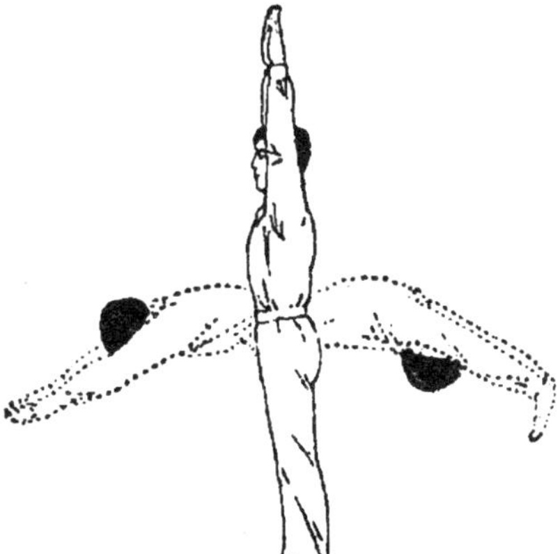

图 51

【目的】同前。

【说明】①在初练时甩腰不能过快，后屈程度也要根据自己的具体情况来决定，防止过快使腰部受伤。②甩腰后屈时必须做到抬头、挺胸、凸腹，使身体形成半圆环状。

8. 吊腰

【动作】①②同弹腰；③弯腰之后静止不动（图 52）。

【目的】主要锻炼胸椎和腰椎的柔韧性。

【说明】①中国武术家把腰分为上、中、下三节，上节是脊柱的胸椎部分，吊腰就是要把胸椎尽量弯曲，使它像用东西向上吊起那样，因此胸部必须向上挺起，胸部后弯的幅度也须逐渐加大。②初练吊腰，静止时间为 1 分钟左右。

图 52

9. 下腰

(1) 手下腰

图 53

【动作】①同弹腰；②屈腰向后弯下以双手撑地成桥形（图 53）；③两手推地站起，再做第 2 次。

(2) 肘下腰

图 54

【动作】①同弹腰；②屈腰向后弯下以双肘撑地成桥形（图54）；③重心移至腿上，使双肘伸直，形成手下腰的姿势，然后站起再做第2次。

(3) 跪腿下腰

图 55

【动作】①开步站立，两腿屈膝跪地，两脚尖伸直；两臂上举，手心朝上；②屈腰向后弯下以双手撑地成桥形（图55）；③两手推地使上身直起，再做第2次。

【目的】训练腰部后弯的三种方式，是锻炼整个脊柱的柔韧性，使它在运动中能够做到极度的后伸和后弯。

图 56

【说明】下腰训练在开始练习的时候，可以背对墙壁，两臂上举，挺胸屈腰以手反扶墙壁，慢慢向下弯到腰部不能再弯为止（图56）。这样能够逐渐练到以手撑地时再离开墙壁去练习以上三种动作。下腰训练对于儿童和女子来说，进步较快，对于成年人和男子则较慢，这就需要有刻苦耐劳的精神，要有恒心锻炼。

10. 揉腰

【动作】①仰卧在木马上，两腿并拢；两臂上举于头顶，屈腕使手心朝上；眼看两手；②助手一手按住练习者的胸部，一手按住练习者的腿部，向左右上下揉晃（图 57）。

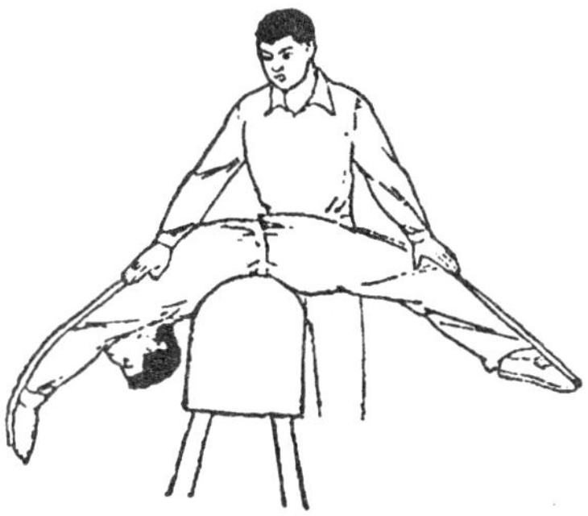

图 57

【目的】借助外力来锻炼腰部的柔韧。

【说明】①揉腰是用助手帮助进行腰部柔韧锻炼的方法。这种方法最适宜于儿童。揉腰时练习者必须使腰部放松；助手揉晃应该根据练习者的柔韧程度，既不要过分用力，又要有一定的分量；揉晃不能很快，要缓缓地进行。②揉腰到后一阶段，助手可以使练习者的背部和腿部的中间距离逐渐缩小，这也叫做“窝腰”。

在武术运动中，腰部的柔韧训练和腿部的柔韧训练同样占有极重要的地位。如果腰关节间的活动范围很小，那么以腰为主的某些武术动作就会受到一定的限制，达不到“腰如蛇行”的要求。“练拳不活腰，终究艺不高”，这句谚语充分指出了腰部训练的重要意义。

第三节 裆步训练

1. 马裆步

【动作】①开步站立，中间距离约等于本人身长的二分之一；②两腿屈膝半蹲；两手握拳侧平举（或者伸掌），拳心朝下；目视前方（图58）。

【目的】主要锻炼股直肌、缝匠肌、内外侧肌、胫骨肌、腓骨肌和比目鱼肌等力量。

【说明】①马裆步要求挺胸、直背、塌腰，大腿屈平，脚尖正对前方，两膝不能超出脚尖，也不要像真的骑马那样向里扣拢。②下蹲静止的时间，按自己的具体情况决定，总要使两腿有些酸痛的感觉才有效。

图58

2. 弓裆步

【动作】并步站立，两手叉腰；左脚向前跨一步，左腿屈膝半蹲，右腿在后挺膝伸直；上身微做前倾；目视前方（图59）。

图59

【目的】主要锻炼股直肌、腓肠肌、比目鱼肌、胫骨前肌和腓骨长肌等肌腱的力量。

【说明】①弓裆步也叫做弓箭步，它的要求是：前弓腿的大腿必须屈平，大小腿之间约成45°~50° 的锐角；膝与脚尖要正对前方，上下约成垂直线，膝部不能超出脚尖；防止臀部向外侧凸出和脚跟离地掀起；后箭腿必须挺膝蹬直，脚尖尽力向内扣紧，髋臀部要向下沉，防止臀部向上凸出和脚外侧离地掀起。②弓裆步必须左右两腿都要锻炼，不要只练一侧。

3. 虚步

【动作】①并步站立，两手叉腰；右脚尖外展45°，上身随之半面向右转，左脚不动；②两腿屈膝半蹲，左脚朝着脚尖的方向伸出一步以脚尖虚点地面，重心完全移在右腿上；目视前方（图60）。

图60

【目的】锻炼臀大肌、股二头肌、缝匠肌、腓肠肌、胫骨前肌和胫骨肌腱等肌群的力量。

【说明】虚步必须以后面的腿支持全身的重量，做到前虚后实虚实分明；支撑腿的膝部必须正对脚尖，防止向里跪腿；上身保持挺胸、直背、塌腰。两腿要轮换着练习。

4. 丁步

【动作】①并步站立，两手握拳抱于两腰侧，拳心朝上；②左脚脚面绷直，屈膝将脚尖虚点在右脚内侧二分之一的地面上，靠紧右脚；③两腿均屈膝下蹲，身体的重量七分在右腿、三分在左腿；目视前方（图 61）。

图 61

【目的】同虚步。

【说明】丁步下蹲，两腿一定要并拢，上身防止前俯，两腿轮换练习。

5. 仆步

图 62

【动作】并步站立，两手握拳抱于两腰侧，拳心朝上；右腿屈膝全蹲，使臀部接近右脚跟；左腿向左侧挺膝伸出，脚尖向里扣紧，脚掌紧贴地面；上身微微前倾；头向左转，目视左侧前方（图 62）。

图 63

【目的】锻炼下肢肌腱的力量。

【说明】①仆步的另一种方式叫做“仆步单鞭”，左手五指撮拢成钩手反臂斜举于身后，右手做掌，屈肘上举于头上，掌指朝左（图 63），这种方式也须加以练习。②仆步的全蹲腿，脚尖要外展 45°，膝部防止向里跪腿，脚跟不能离地掀起；仆步伸出的铺腿，髋关节一定要向下沉，脚尖要扣紧，防止屈膝和脚外侧掀起。③上身必须保持挺胸、直背、塌腰，防止向左、右倾斜。④要左右两腿轮换练习。

裆步训练的主要目的，除了发展腿部的力量之外，还在于训练各种步型的动力定型。因为在每套拳术或器械运动里面，任何姿势或动作大都是建筑在马步、弓箭步、虚步、丁步、仆步等这几种步型上面的，步型形成了动力定型之后，各种姿势或动作就有了根底，下盘就显得四平八稳，整个运动过程就不至于轻飘浮动。因此，裆步训练可以根据各种拳术的不同要求来选定不同的裆步进行锻炼。

第四节　桩功训练

1. 混元桩

【动作】①两脚开立与肩同宽，两腿屈膝略蹲；两臂自然下垂于身前，手心朝里；身正直，自头顶到两脚之间成一垂直线；舌上卷抵于上腭。意念平静，周身放松（图 64）；②闭目，徐徐以鼻深深吸气入腹（即丹田处），旋即又徐徐以鼻呼出。

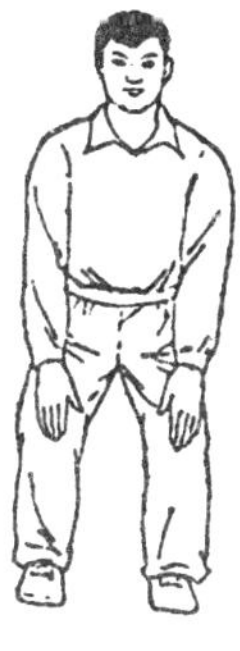

图 64

【目的】主要锻炼周身气血的活畅，并增强腿部股直肌、胫骨前肌、腓肠肌、比目鱼肌等肌腱及脚部韧带的力量和坚韧。

【说明】①混元桩要求以静为主，在练习时必须身体正直、舒胸、松腹、呼吸均匀，逐渐达到至寂之境。这样才能使气息平和，平和则畅达，畅达则气血活。②混元桩的呼吸虽然要求深入腹部，但是吞吐应该自然，不要故意鼓腹和缩腹。③初练阶段，每次可静站 2～3 分钟，站 1～2 次。

2. 四平桩

图 65

【动作】①两脚开立，中间距离约等于本人身长的二分之一，两腿屈膝半蹲成马步，两脚脚尖用劲向里扣，两膝用劲向外撑，大腿屈平；两臂屈肘环抱于身前，两手拇指用劲张开，臂内旋使手心朝外，拇指朝下，其余四指并拢用劲向手背一面伸张，腕紧屈；头向上顶，颏向里收，颈竖直，肩下沉，挺胸，直背，塌腰；意念怒奋，周身运劲；目视两手（图 65）；②徐徐以鼻吸气入腹（丹田处），旋即又徐徐以鼻呼出。

【目的】主要锻炼气的鼓荡，使气在紧张之中仍能沉着，仍能平和，去其浮躁，外示以安逸；并锻炼周身内外的整劲，使劲与气合，内与外合。

【说明】①四平桩要求以动为主，即要求周身运劲，在动（运劲）中求静。四平桩由于运劲的特点，气息极易浮躁，不易下沉，在这种情况下要求"静"是比较困难的。然而正因为这样，久练之后才能去其浮躁之气，在动中以求静，使内脏呼吸器官能够适应紧张运动的需要。②四平桩静站时，必须保持"顶平，肩平，腿平，心平"；"顶平则头正，肩平则身正，腿平则劲正，心平则气正"（《华拳谱》）。四平四正才能"内外合一"，劲、气、神、力相合。③同

“混元桩”②。④初练时，每次可静站1～2 分钟，站1～2次。

桩功是以静站的方式锻炼气息和内脏器官的方法。“桩”的意义：一方面是像桩那样静止不动，在不动中锻炼内部气息的调动，锻炼劲力的增长，即所谓“静中求动”；另一方面则是说气息调动了，劲力增长了，下盘就能够像桩那样比较扎实，因而《少林拳术秘诀》里说：“马步（四平桩）熟练纯习，则气贯丹田，强若不倒之翁。”桩功的桩势颇多，但从性质上来分则可分为两种：一种是“静中求动”的，在平静中求得气血和畅；一种是“动中求静”的，在动（运劲）中求得气息的平静。上面的两种桩势，就各具有不同的性质，其他桩势就不另作介绍了。

第五节　鼎臂训练

1. 肘鼎

【动作】①两脚前后开立，右腿在前屈膝下蹲，左腿在后伸直，两脚跟均离地掀起；两肘平行撑在地上，中间距离与肩同宽，两手手心贴地；②右脚蹬地，左腿摆起，两肩向前送出，两腿向上伸直，成倒立姿势（图66）。

【目的】锻炼三角肌、肱三头肌、肱二头肌和肱前肌等肌肉的力量。

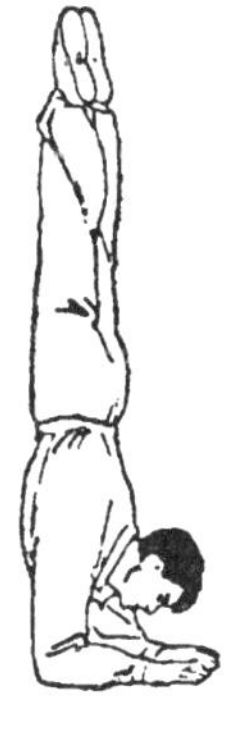

图66

【说明】倒立后，头部应该向上抬，上臂要直，使面部离开地面，全靠前臂支撑身体和维持平衡。

2. 肩鼎

【动作】①两脚前后开立同“肘鼎”；上身前屈，用右肩撑在地上，右臂伸直贴地，手心朝上，头部偏向左肩；左臂屈肘，左手撑地；②右脚蹬地，左腿摆起，两腿向上伸直，成倒立姿势（图 67）。

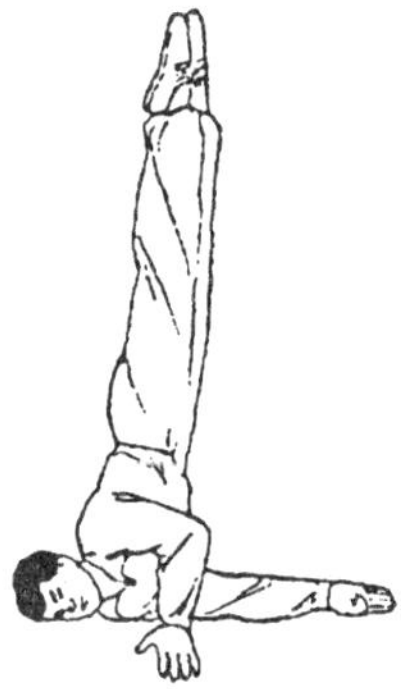

图 67

【目的】锻炼斜方肌、大圆肌、冈下肌等力量。

【说明】在蹬地向上摆腿时很容易由于用力过分而翻过去，所以要使身体的重心落于左手、右臂和头部所构成的三角中间，才能立稳。

3. 头鼎

【动作】①两脚前后开立同前；两臂屈肘，两手撑地，头部也撑地，构成一个三角；②蹬地摆腿竖起成倒立姿势（图 68）。

图 68

【目的】主要锻炼前臂肌肉和颈部肌肉的力量。

【说明】头鼎有了一定的进步之

后，可以逐渐地试将两手离开地面，仅以头顶撑地。这样做，支撑的时间虽然不能持久，但它对于某些地躺拳术中的“头鼎转体”动作却起着直接的基础作用。

4. 手鼎

【动作】①两脚前后开立同前；两手平行撑在地上，中间距离与肩同宽，手指朝前；②蹬地摆腿竖起成倒立姿势（图 69）。

【目的】锻炼三角肌、冈上肌、大圆肌、肱二头肌、肱三头肌、肱前肌、旋前肌、旋后肌、指伸肌和腕屈肌的力量。

【说明】①手鼎必须做到抬头、挺胸、并腿。②锻炼一个阶段后，还可以一手离地，以一臂支撑，唤作“单臂大鼎”。③在初练手鼎时应靠着墙壁练习（叫做“靠鼎”），然后再慢慢离开墙壁练习“空鼎”。④初练的静止时间可做 1 分钟左右 1 次。

图 69

5. 推鼎

【动作】①两手握住凳的边沿，靠墙竖起“手鼎”；②两臂屈肘，身体下降，然后再直臂推起 （图 70）；

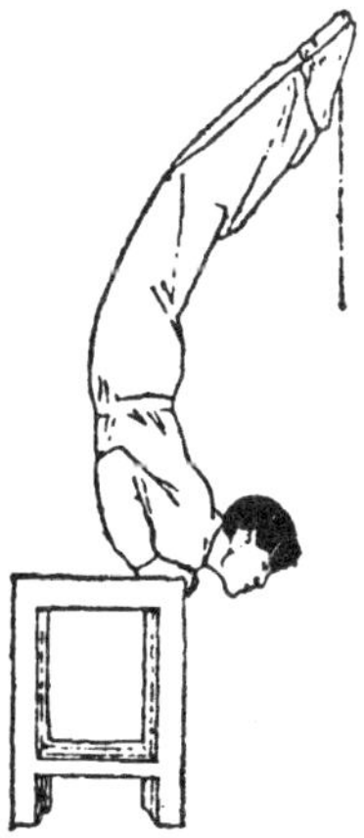

图 70

③接着做第 2 次。

【目的】加强臂部和腰部的力量训练。

【说明】①推鼎是锻炼臂部力量极有效的方法，但在初练时很不容易推撑起来者，可由助手帮助进行。助手用两手扶住练习者的左右腰侧，当练习者下降之后直臂向上推撑时便可将练习者轻轻地向上抱起，但也要注意不能过分地帮助，要以练习者自己的推撑力量为主。②推鼎在初练阶段由助手帮助的话，每次可推撑 5 ~ 10次。

6. 双臂功

【动作】①两手撑地，中间距离与肩同宽，手指正对前方，两臂伸直；两腿在后伸直并拢，两脚以脚趾着地；身体俯卧（图 71）；②臀部凸起，身体从前向后移动（图 72）；③两臂屈肘，身体从后向下、向前移动（图 73）；④身体继续向前移动（图 74）；⑤两臂推撑伸直，身体从前向上、向后移回至第 1 动，接着再做第 2 次。

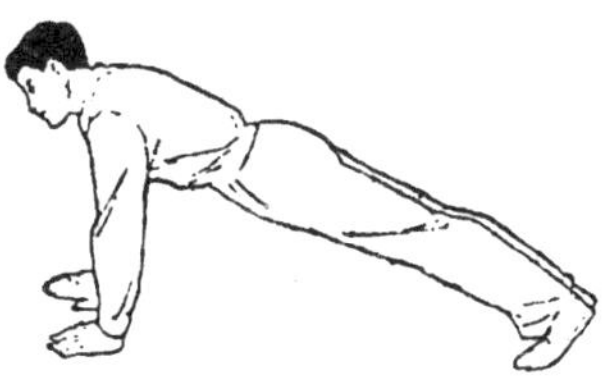

图 71

图 72

图 73

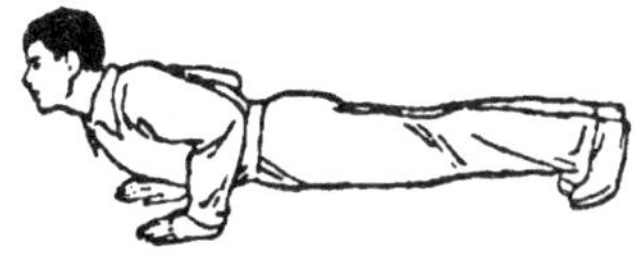

图 74

【目的】锻炼三角肌、肱三头肌、肱二头肌、肱桡肌、腕屈肌等肌腱的力量。

【说明】①双臂功也叫作“铁牛耕地”，锻炼时两腿必须伸直，不可弯曲；屈肘向前移动时要使身体贴近地面，尽量向前移动；直臂向后移动时要尽量向后。②动作要做得慢一些，不要太快，必须使动作连贯一起，中间不能停顿。③初练阶段每次可做 15 ~ 30 次。

7. 单臂功

【动作】①右手握拳用拳面部位撑地，臂伸直；两腿伸直并拢，以右脚外侧着地；身体侧卧，左手任意伸直（图 75）；②右臂屈肘，弯腰，身体下降使右胸部贴近地面（图 76）；③略停片刻，右臂推撑伸直还原，接着再做第 2 次。数次之后换左臂练习。

图 75

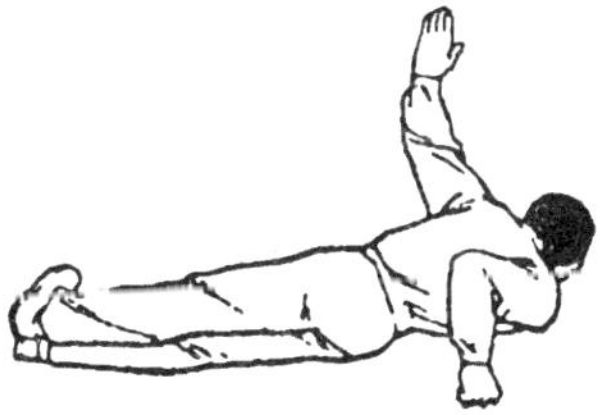
图 76

【目的】较双臂功强度更大地锻炼臂部肌腱的力量。

【说明】①单臂功也叫作“豹子卧洞”，锻炼时两腿必须伸直，不可弯曲。②上举的手和并靠在着地之脚上面的另一脚，都不可撑地，但在初练阶段，如果臂力过小推撑不起时，不妨用上举的手稍撑地面以借力，或者两脚都着地。③初练时每次可推撑 3～5 次，以后逐渐增加。

鼎臂训练，除了推鼎、双臂功和单臂功外，其他大鼎训练都是按时间来计算运动量的，其要求可以根据自己的具体情况来决定。

第六节　手眼训练

1. 松肩

(1) 上耸下沉

【动作】①两脚开立，两手贴在两腿侧，两肩放松；②两肩同时向上耸起；③恢复原状；④两肩同时下沉；⑤恢复原状，再做上耸动作，如此轮换（图 77）。

【说明】肩胛上耸时，头颈必须端正不动，不要有耸肩缩颈的现象。

图 77

(2) 前拢后张

【动作】①同“上耸下沉”；②两肩同时向前凸出抱拢，使胸部收缩（图 78）；③恢复原状；④两肩同时向后张展，使胸部挺出（图 79）；⑤恢复原状，再做前拢动作，如此轮换。

图 78

图 79

【说明】向前抱拢时肩关节只能是前移，不能上耸；向后张展时颈部不可前伸。

(3) **前转肩**

【动作】①同前；②两肩同时向前回环转动。

【说明】转肩时颈部不能移动。

(4) **后转肩**

【动作】①同前；②两肩同时向后回环转动。

(5) **左右交叉前后转肩**

【动作】①同前；②两肩一先一后地向前转动；③向前转动数次之后，两肩再一先一后地向后转动。

【说明】两肩交叉前后转动之后，可以再做几次两臂向前、向后、向里、向外抡转的回环动作。

松肩训练是锻炼肩关节灵活性的主要项目，也是鼎臂训练以后所必须做的活动性练习。《华拳谱》曾说："臂有力而肩僵，拳之挥动何能自如？犹同角弓之无弦，箭从何出？"因此松肩训练和腰腿训练有着同等重要的意义。松肩训练也能够锻炼胸锁关节的灵活性和扩大肩胛带的活动范围，有助于振臂挥拳的动作。

2. 活腕

(1) 分腕

【动作】①两臂侧平举，两手五指并拢侧屈腕竖起（图 80）；②屈腕向下（图 81）、向内、向上转动一周至屈腕竖起部位；③再做第 2 次。

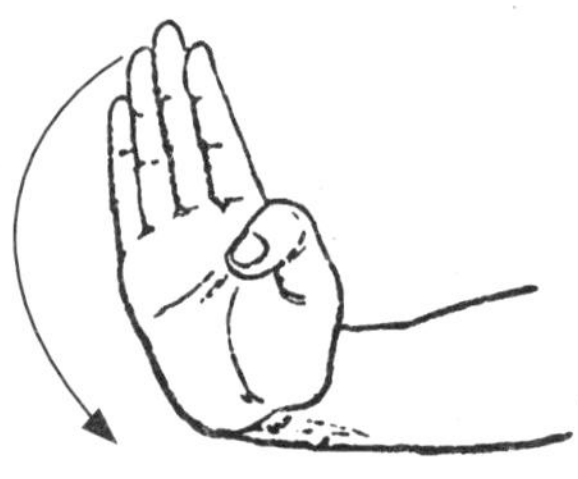

图 80

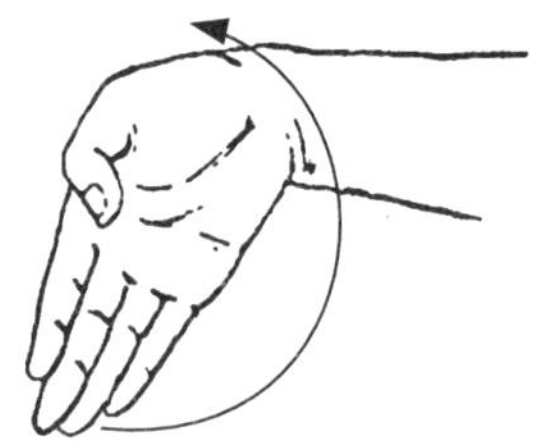

图 81

【说明】在转动时肘关节可以略微屈一些，以助腕关节的转动。

(2) 挑腕

【动作】①同图 80；②臂外旋使手心朝上，屈腕向里（图 82）、向下、向外、向上转动一周成竖掌；③再做第 2 次。

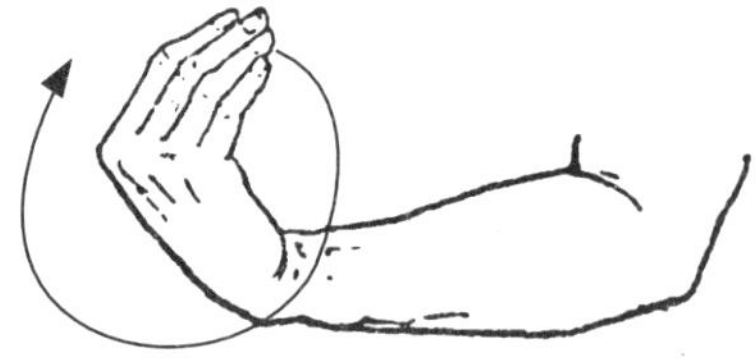

图 82

【说明】转动一周后成竖掌时，要略略停顿一会儿，然后再做第 2 次，不要毫不停顿地转动。因为这是挑腕动作，不是一般的腕部回环。

(3) 翘腕

【动作】①两臂侧平举，两手五指并拢，手心朝下；②两手猛力屈腕向上翘起（图 83）；③恢复第 1 动后继续再做第 2 次。

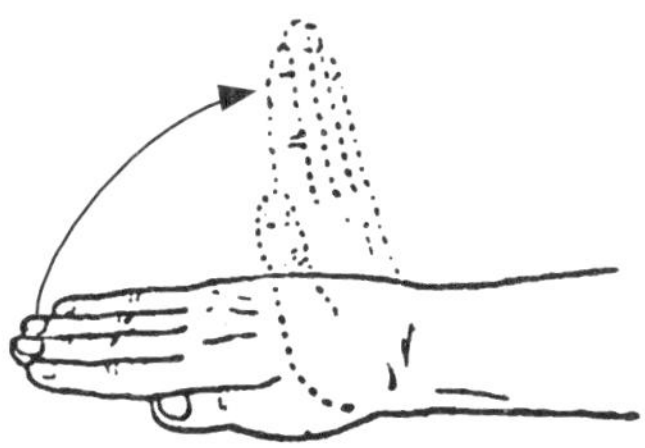
图 83

【说明】翘腕后的手掌心应正对侧方，不要像分腕、挑腕那样正对前方。

(4) 抖腕（附眼的训练，也就是手眼配合的训练）

【动作】①右手五指并拢，屈肘举在左胸前，手心朝上；目视右手（图 84）；②右手屈腕从左胸前向下、向右、向上直臂绕环举起；两眼始终随着右手转动（图 85）；③右手猛然向拇指一侧屈腕一抖，肘关节随势略屈；两眼在抖腕的同时猛然向左转脸注视左前方（图 86）；④右手从头上下降至第 1 动的部位，再继续做第 2 次。做数次后换左手做。

图 84

图 85

图 86

【说明】①抖腕的第 1～2 动不必用力，至第 3 动抖腕时，手臂肌肉也不要紧张，只用腕关节猛然一屈就可。②左右手可轮换练习 5～10 次。③武术运动中的眼法训练，一般地都是随着手的移动或动作的变化而进行的，并没有独立的训练动作，因为武术不像戏剧、舞蹈那样需要刻画人物的思想感情，它没有复杂的变化，只是"眼随手动"，手到哪里眼到哪里。

3. 领眼

【动作】①两手垂于两腿侧；②左手五指并拢，从下向左侧直臂绕环举起，拇指一侧朝上；眼随左手；③上动未停，左手继续直臂向上、屈肘向右绕环，屈腕使手心朝右，手指朝上；眼仍随左手（图 87）；④右臂

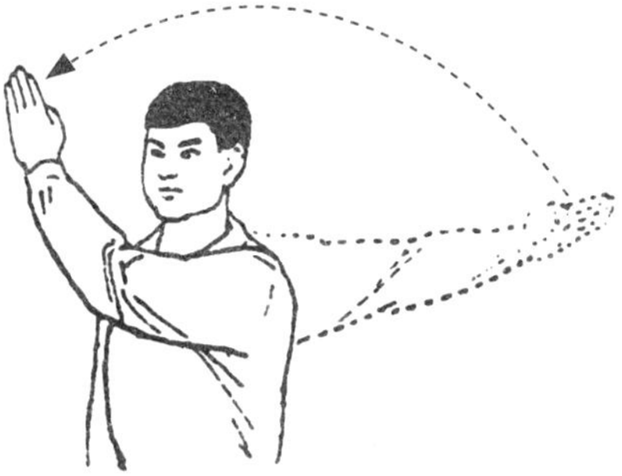

图 87

屈肘向上，右手经左手背直臂上穿，手心朝左；此时抬头眼看右手；左手同时下降到右腋处，手背贴靠右腋（图 88）；⑤上动微停，右手继续向右绕环至平举部位，拇指一侧朝上；头右转，眼随右手（图 89）；⑥上动未停，左手从右腋处直臂向下、向左绕环至平举部位，拇指一侧朝上；此时眼随左手转动（图 90）；⑦左手下垂于左腿侧，右臂向上举起，换右手做领眼练习。

图 88　　图 89

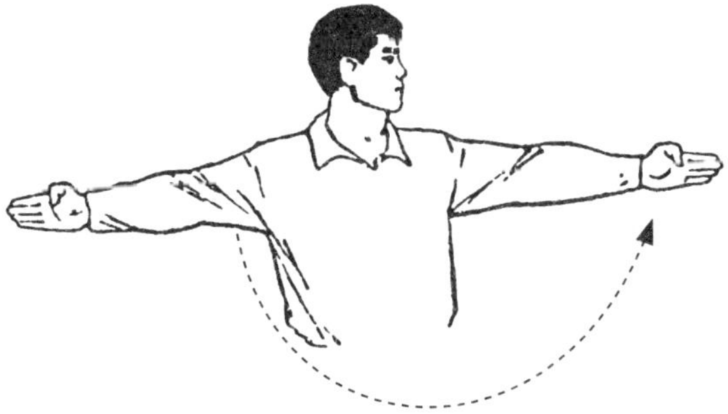

图 90

【说明】由于左右手做领眼训练，使颈椎和肩臂也得到了回环锻炼。做领眼练习，手臂绕环、上穿的动作要快一些才好，手臂一快才能训练眼法的灵活。

手眼训练的活腕运动（分、挑、翘、抖），是武术基本功中的腕关节锻炼，锻炼的目的是加强桡腕关节和腕骨关节的桡侧屈腕肌腱、尺侧韧带、桡腕背侧韧带、掌骨底背侧韧带、腕骨间背侧韧带等肌腱和韧带的柔韧性，使手掌的硬、软、紧、松都能适应武术动作的需要。

第七节　冲拳训练

1. 马步冲拳

【动作】①两脚开步站立，两腿屈膝半蹲为马步；两手握拳抱于两腰侧，拳心朝上，拳眼朝外；②右拳从腰部向前平伸冲出，变拳心朝下，拳眼朝左；目视正前方（图 91）；③右拳收回腰侧，左拳同时向前平伸冲出。

图 91

【说明】①拳从腰侧冲出时拳心朝上，当肘部靠近腰侧时臂内旋使拳在螺旋运动中向前冲出，变拳心朝下；冲拳、旋臂、变拳心朝下，这三部分动作必须连贯起来，不可分割。②冲拳时，两肩必须向下沉，出拳一侧的肩还须顺势向前送，抱拳一侧的肩则须同时微向后拉，这样才能使拳冲击有力。③初练马步冲拳，每次可做20～40次。

2. 弓步冲拳

【动作】①并步站立，两手握拳抱于两腰侧，拳心朝上；②右脚向前上步，右腿屈膝，左腿伸直，成右弓箭步；右拳随即从腰侧向前平伸冲出，变拳心朝下；左拳不动；目视正前方（图92）；③左脚向前上步，成左弓箭步；右臂屈肘，右拳收抱于右腰侧，拳心朝上；左拳同时向前平伸冲出。

图92

【说明】①弓步冲拳，不要在做弓步时就将拳冲出，应该在弓箭步形成之后再冲拳，但这两部分的动作也不要使它分割开来，必须一前一后地成为一个整体。②如果场地小，上步没有余地时便转身继续练习；如果场地大，也不要一直冲到头，一般地冲8～10拳便可转身。

第二章　基本动作训练

武术的套路运动（散打、击剑等搏斗运动除外），它的组成一般地都是取材于各种技击特点和技击规律。由于这些技击特点和技击规律与人体动态变化的融合，在运动中便展示出许多静止的和活动的平衡、跳跃、跌扑、滚翻、折叠、旋转、奔走等技巧。这些技巧在武术运动中起着基本的起伏转折、窜蹦跳跃的灵巧作用和活泼作用，同时也是武术静美与动美的基本要素。在基本功的训练过程中，获得了身体的伸展、柔韧、灵活、力量等基本素质之后，必然要跨进这个基本动作训练的阶段，在这个阶段去学会掌握武术的各种运动技巧，为熟悉武术的徒手和器械等各种套路运动创造条件。基本动作训练包括平衡、跳跃、跌扑滚翻、折叠旋转、步法五个部分。通过这些训练能够发展动作的协调性、灵敏性和速度以及肌肉的弹性，能够培养在运动中保持身体平衡的能力以及在运动中阻止和运用惯性力量的能力。

第一节 平衡动作训练

1. 提膝直立平衡

(1) 跳步提膝直立平衡

【动作】①并步站立，两手叉腰；右腿屈膝在身前提起，右脚贴近左大腿，脚面绷直；左脚不动，左腿伸直；②站立一会儿后，左脚蹬地跳起，换右脚在左脚原处落地站立，左腿即屈膝在身前提起，如此轮换进行练习（图93）。

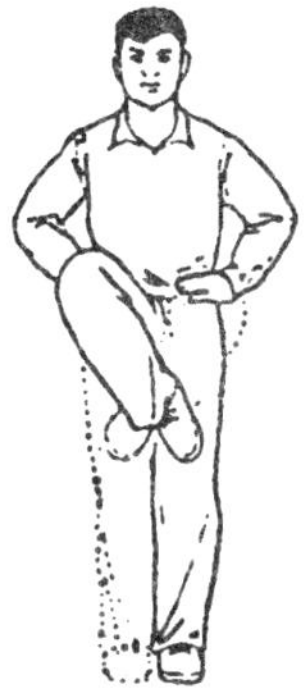

图 93

【说明】①跳起时，要跳得高落得轻，落地的脚必须用前脚掌先着地，不要用脚跟着地。②跳步提膝直立平衡是跳跃的平衡动作，不是平衡的跳跃动作，因此在跳起落地之后，站立的时间要长一些，一般要求保持1~2分钟（后面的许多平衡动作练习也是如此），不要一跳一跳地总是换脚。③站立必须稳固，身体保持正直，提膝要高。

(2) 弓步变提膝直立平衡

【动作】①并步站立，两手叉腰；左脚上前一步，左腿屈膝半蹲，右腿在后伸直，成左弓箭步；上身微前倾；眼看前方；②上身直起，重心后移，左脚蹬地使左腿屈膝在身前提起，变成提膝直立平衡；右脚不动（图 94）；③做数次之后换右脚练习。

图 94

【说明】①弓箭步变直立平衡时，要求提膝要快站立要稳，不能摇晃和移动；蹬地提膝时，用力要恰当。②弓箭步和提膝平衡的要求均同前。③练习 5～10 次之后换另一腿练习，每次静止时间为 1～2 分钟。

2. 盘腿半蹲平衡

(1) 跳步盘腿半蹲平衡

【动作】①并步站立，两手叉腰；右腿伸直站立，左腿屈膝在身前提起，成左提膝直立平衡姿势；②右脚蹬地跳起换左脚落地，左腿即屈膝半蹲；右腿随之屈膝使踝部外侧横盘在左膝上，右脚脚面绷平（图 95）；③站立一会儿后，左腿伸直立起变成右腿屈膝于身前的右提膝直立平衡；④左脚蹬地跳起换右脚落地，右腿屈膝半蹲；左腿随之盘腿。如此轮换练习。

图 95

【说明】①半蹲腿的小腿不是与地面垂直的，而是由膝部前面的一点与脚尖成垂直线；大小腿之间为 90° 直角。②盘腿时，上身可以略向前倾，但须挺胸直背塌腰。③这里的提膝直立，不要求持久站立，在提膝后要立即跳步换脚做盘腿。

(2) 弓步变盘腿半蹲平衡

【动作】①同“弓步变提膝直立平衡”成左弓箭步；②左脚蹬地，重心后移，右腿屈膝半蹲，左腿屈膝横盘在右膝上，成为左盘腿半蹲平衡；③站立一会儿后，左脚向前落步，仍为左弓箭步；接着再蹬地做第 2 次盘腿半蹲平衡。数次之后，换右腿做。

【说明】在前脚蹬地、身体重心后移时，后面的脚不可移动，要像“生根一般”稳固。

3. 扣腿全蹲平衡

(1) 跳步扣腿全蹲平衡

【动作】①并步站立，两手叉腰；右腿伸直站立，左腿屈膝在身前提起，成左提膝直立平衡姿势；②右脚蹬地跳起，左脚向正前方跨跃一步；在左脚落地时，右腿即屈膝用踝关节前部勾扣在左腿膝后，左腿同时屈膝下蹲（图 96）；③站立一会儿后，上身立起，右脚向后跃步，右腿伸直站立，左腿即屈膝在身前提起回至第 1 动。如此，前跃成扣腿平衡，后跃成提膝平衡。“前跃蹲，后跃立”，做 10 次左右后，换另一腿练习。

图 96

【说明】扣腿全蹲平衡是比较难以掌握重心的，加上有向前跨跃的动作，就更加困难了。因此在初练时，可以先练习原地的扣腿全蹲平衡，不必加前后跳跃，到能够在原地掌握重心维持平衡之后再练习加跳跃的动作。

(2) 弓步变扣腿全蹲平衡

【动作】①两手叉腰，成左弓箭步；②身体重心后移，左脚蹬地提起从左侧绕到身后扣于右腿膝后，右脚不动，右腿即屈膝下蹲，成扣腿全蹲平衡；③站立一会儿后，左脚向前落步，右腿在后伸直，再成左弓箭步，做第 2 次。做了 10 次左右之后，换另一腿练习。

【说明】弓箭步变扣腿全蹲平衡是惯性力量向后的动作，要在运动中阻止这种力量而保持身体的平衡，比前跃的扣腿平衡更难些，因此初练时可以慢一些，但到后来就必须达到快而稳的要求。

4. 前后卧云平衡

【动作】①并步站立；右手握拳，右臂屈肘举于右耳侧，拳眼朝下，拳心朝前；左手握拳，左臂屈肘环抱于胸前，拳心朝下；左腿直立不动，右腿屈膝在身前提起，右脚脚面绷直；②左腿慢慢地屈膝全蹲，右腿同时向左斜前方慢慢伸出，右脚脚尖翘起，上身略微向右倾斜（图 97）；③静止一会儿后，回至第 1 动；④左腿再慢慢地屈膝全蹲，右腿同时绕向身后向左斜前方慢慢伸出，右脚脚尖翘起；上身略微向右倾斜（图 98）。做数次之后换另一腿练习。

图 97

图 98

【说明】①卧云也叫作“卧鱼”，在武术中卧云的动作很多，但有些不是平衡动作，像“坐盘卧云”是卧在地上的折叠动作，就不具有平衡的性质，所以在这里也就不作介绍了。②后卧云要比前卧云的动作难做些，初练时不妨以同侧的手稍微在地上加以支撑，帮助维持重心的平衡。③全蹲后要停留 1～2 分钟，不要一蹲下就起来。

5. 仰身、探海平衡

【动作】①并步站立，两手叉腰；左腿伸直，右腿屈膝在身前提起；②上身向后仰倒，右腿向前平举，右脚脚面绷直；两手握拳（或作掌）向两侧平举，拳心朝上；眼向上看（图 99）；③回至第 1 动；④上身前俯，右腿向后上方举起，右脚脚面绷直；两手握拳（或作掌）向两侧平举，拳心朝下；眼看前方（图 100）。如此仰俯轮换做，数次之后换左腿练习。

图 99

图 100

【说明】①这是两种平衡动作结合一起的练习，它要求上身的俯仰、腿的前后举都必须以很快的速度来完成，不能缓慢，但初练阶段不妨慢慢地做。②前俯和后仰，每种动作都要静止 1～2 分钟。

6. 侧身平衡

【动作】①并步站立，右手握拳随右臂屈肘举于右耳侧，拳眼朝下，拳心朝前；左手握拳，左臂屈肘抱于左腰侧，拳心朝上；右腿直立不动，左腿屈膝在身前提起，左脚脚面绷直；②上身向右侧平倒，左腿伸向左侧平举，身体成水平；③上身与左腿同时向上翘起，略停片刻再放平，如此一翘一放地练习着，数次之后换右腿练习（图 101）。

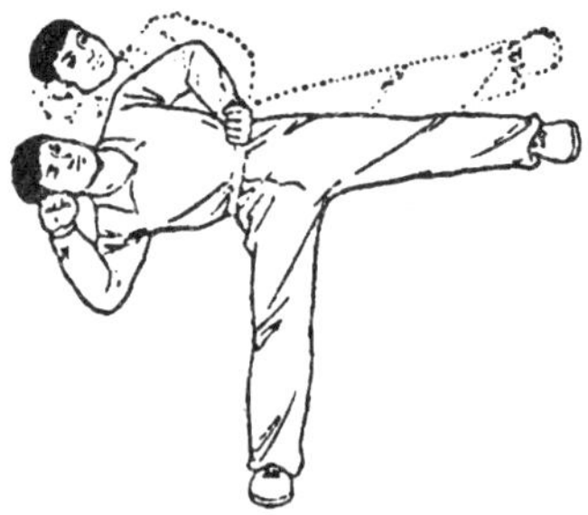

图 101

【说明】这个动作必须收腹敛臀、挺膝绷脚，支撑腿的脚尖要外展45°。

平衡动作训练的目的，主要是锻炼前庭器官和运动器官的机能。以上六个平衡动作包括了腿的直立、半蹲、全蹲三种支撑方法，身体的直、斜、横三种不同的轴，仰、俯、侧三种不同的面，从不同的支撑、轴、面来训练平衡感官的性能，这说明武术传统的训练方法是具有一定的科学性和系统性的。

第二节　跳跃动作训练

1. 腾空飞脚

【动作】①并步站立，右脚向前一步；左脚在后，脚跟离地掀起；左臂向前、向上摆起，右臂斜举于身后；眼看前方（图102）；②左腿从后向前、向上摆起，右脚蹬地向上跳起，身体腾空；右臂同时从后向下、向前、向上摆起，在额前上方用右手背碰击左手心（图103）；③在空中，右脚脚面绷直向前踢出，右手击拍右脚面；左手五指撮拢成钩手直臂举向左侧，钩尖朝下（图104）；④左脚先落地，右脚随之在身前落地，回至第1动，接着再做第2次。数次之后换左脚练习。

图102

图 103

图 104

【说明】①腾空飞脚，不论蹬地或落地，都必须用前脚掌来做。②击拍脚面的动作，必须在空中完成，不能在落地时去击拍，“腾空飞身起，霹雳响九天”，它要求既要跳得高又要击得响。③摆腿、蹬地、摆臂要连贯起来做，中间不可分割。

2. 腾空双飞脚

【动作】①并步站立，两腿屈膝略蹲；两手握拳随两臂屈肘上举；眼看前方；②两脚同时蹬地向上跳起，身体腾空；③在空中，两脚同时向前踢出，脚面绷直；两手击拍两脚脚面（图 105）；④两脚落地回至第 1 动，接着再做第 2 次。

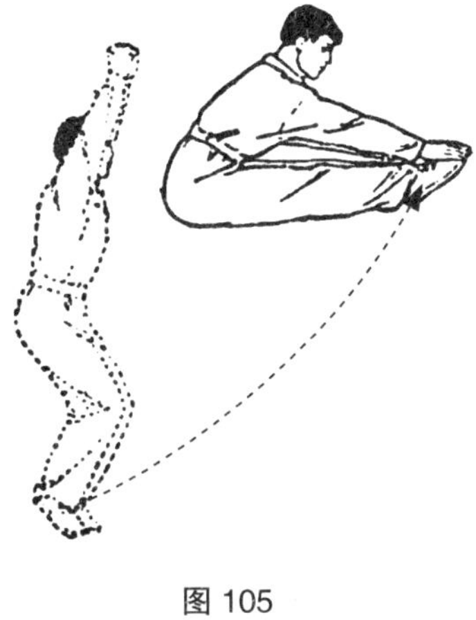

图 105

【说明】腾空双飞脚，两脚的踢出一定要在腾空之后才挺直膝部使脚前踢，不可以在起跳时就将腿伸直；两腿踢直后要与地面成水平状态，两脚可以并拢，也可以分开，但不能超过两肩宽度；击拍要准确、响亮。

3. 蹦步连环脚

【动作】①同腾空双飞脚；②两腿屈膝全蹲，两脚跟离地掀起，仅以前脚掌着地；③左脚向前踢出，脚面绷直；左手击拍左脚面；④左腿屈膝，左脚回至原地，右脚在左脚尚未落地之前即蹬地蹦离地面向前踢出，脚面绷直；右手击拍右脚面（图106）；⑤右腿屈膝，右脚回至原地，再换左脚前踢，如此连续轮换练习。

图106

【说明】蹦步连环脚的要求是，既要蹲得矮，又要蹦得快，踢腿要直，击响连贯；其击拍动作，是在落步的同时进行的，不要求在空中完成。

4. 腾空摆莲

【动作】①并步站立，两手握拳随两臂屈肘上举，右脚向前一步，左脚在后，脚跟离地；眼看前方（图107）；②左腿向前、向上摆动，右脚同时蹬地跳起，身体腾空（图108）；③在空中，两拳松开，右脚向前踢出，上身右转（图109）；④右脚向右侧做外摆动作，用手先左后右地击拍右脚面（图110）。落地后再做第2次。

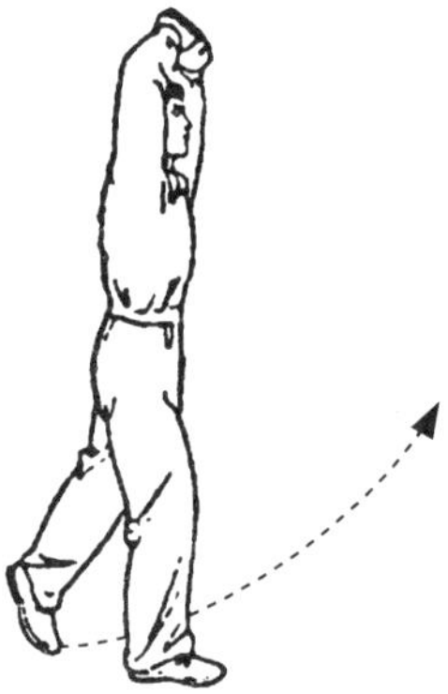

图 107

图 108

图 109

图 110

【说明】①腾空摆莲是腾跃与摆腿相结合的动作，其难点在于向右转身，经验告诉我们：在蹬地跳起后，当右腿还没有完全向前踢出时就应做转身动作，如果右腿已经完全踢出了再转身，外摆动作就比较困难了。②外摆腿要伸直，击拍要准确，不能有一手拍空，击响要在落地之前于空中完成。③腾空摆莲在拳术中出现的多数是右摆莲，但在基本动作的训练过程中却不可只练习一面，应该左右都要练习。

5. 旋风脚

【动作】①开步站立，两腿屈膝半蹲成马裆步；右手握拳向右侧平举，拳心朝下；左臂屈肘，左手放在右肩前面，手指朝上；眼看右拳（图 111）；②上身前俯，左手变拳；两拳从右向下、向左、向上绕环抡起，上身趁势拧腰向左上翻（图 112）；③上动未停，左腿提起随抡臂动作向左、向上摆动，右脚蹬地跳起，身体腾空（图 113）；④在空中，身体旋转一周，右脚从下向右、向上、向额前摆动里合，左拳放开在额前击拍右脚脚底（图 114）；⑤两脚落步仍成马裆步；左手握拳向左侧平举，右臂屈肘，右手放在左肩前面；目视左拳；⑥开始向左做左旋风脚。

图 111

图 112

图 113

图 114

【说明】旋风脚，是一个跳跃的翻转动作。其动作上身既要翻又要转，仅仅是旋体而没有翻身的动作是不够的。旋风脚的翻身开始在左脚提起右脚蹬地起跳的时候，上身要前俯以构成翻身动作的斜形横轴，右脚跳起之后，上身即绕斜形横轴翻转；旋风脚的旋体则开始在右脚里合的时候，当左脚开始下降而右脚里合时，上身即直起构成旋体的直轴，里合击拍时上身即绕直轴旋转。旋风脚要翻、转 360° ，翻身动作从前下至后上占 180° ，旋体动作从后至前占 180° 。因其击响必须在翻转一周后在额前进行。旋风脚还必须跳得高、击得响，动作协调。初练阶段，可以先练习转身半周的旋风脚，不要做翻身的动作；击响动作也可以在左脚落地的同时做，不一定在空中完成。

6. 腾空箭弹

【动作】①并步站立，右脚向前一步，左脚在后；两臂斜举于身后；目视前方（图 115）；②两臂从后向下、向前、向上屈肘摆动，至身前上方时两手交叉上举；左腿同时向前、向上摆动，右脚蹬地跳起，身体腾空（图 116）；③在空中，右脚向前踢出，脚面绷直；两手同时从上分向两侧平举，屈腕使手指朝上，掌心朝两侧（图 117）。落地后再做第 2 次，数次之后换左腿练习。

【说明】腾空箭弹，要求纵跳要高、弹踢要有力、脚面要绷直。初练时弹踢的动作可以在左脚落地的时候向前弹出，到练习有进步时再逐渐在空中完成。

基本动作训练的跳跃部分，包括了单脚跳起、双脚跳起、空中半转体和全转体等动作。这些动作的运动强度几乎都是很大的，需要跳得高，腾空时间长，能在空中结合其他动作，这就要求肌肉的收缩功能占居首要地位。另外，对确定在空中的方位、保持身体的平衡、阻止转身的惯性力量，也都要求前庭器官提高性能才可做到。

一些老武术家常说：“飞脚旋风打不响，拳色减去一大半。”跳跃部分不仅是跳跃问题，同时也是运动艺术的击响问题，击响在武术的运动形式里占有一定的地位，它能使武术的套路运动增加声色。此外击响也锻炼了敏捷、准确等能力。

图 115

图 116

图 117

第三节 跌扑滚翻动作训练

1. 抢背

【动作】①并步站立，右脚上前一步，右腿略屈膝，左脚在后；右手握拳随右臂屈肘上举，左手握拳随左臂屈肘放在腰前；眼看前下方（图 118）；②上身向前卷体倾倒，右脚蹬地，左脚向后上摆起（图 119）；③以背的肩胛骨着地，两腿屈膝，团身向前滚翻（图 120）。

图 118　　图 119　　图 120

【说明】抢背在技巧运动中唤作“侧交滚翻”。滚翻时头不着地，而且要有跃起动作。开始练习抢背，可以先练“轱辘毛”：两腿并膝全蹲，两手在身前撑地，蹬脚、屈肘、团身向前滚翻，先以头着地，继以肩背着地。这里面没有跃起动作，它和技巧运动中的“屈膝前滚翻”相同。

2. 倒跟斗

【动作】①并步站立，两腿屈膝全蹲，两手在身前撑地（图 121）；②上身卷体向后倒下，以背着地团身向后滚翻（图 122）；③两手向后撑地，两腿向后伸（图 123）；④两脚落地，两手推地立起。

【说明】倒跟斗即技巧运动中的“后滚翻”，这个动作在上身卷体向后倒下的时候，要很快地将两腿向后伸出才能成功。它要求臀、腰、背、肩相继依次着地，滚翻要圆。

图 121

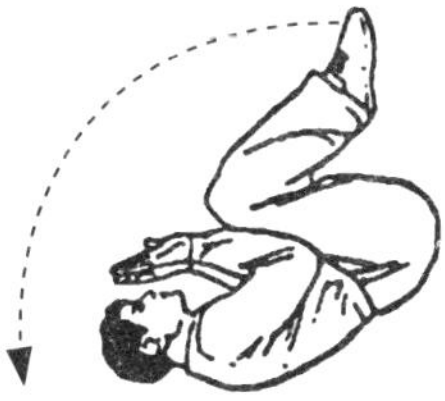
图 122

图 123

3. 虎跳

【动作】①并步站立，左臂侧平举，左手手心朝下；右臂上举，右手手心朝左；右脚离地分开（图 124）；②右脚向右侧落地，上身向右屈倒，左腿趁势向上摆起；右脚在此时蹬离地面，两手向地上撑去（图 125）；③形成开腿的手倒立姿势（图 126）；④左脚在左手侧面落地，右手同时离开地面（图 127）；⑤右脚在左脚侧面落地，左手同时离开地面，上身直起。

图 124

图 125

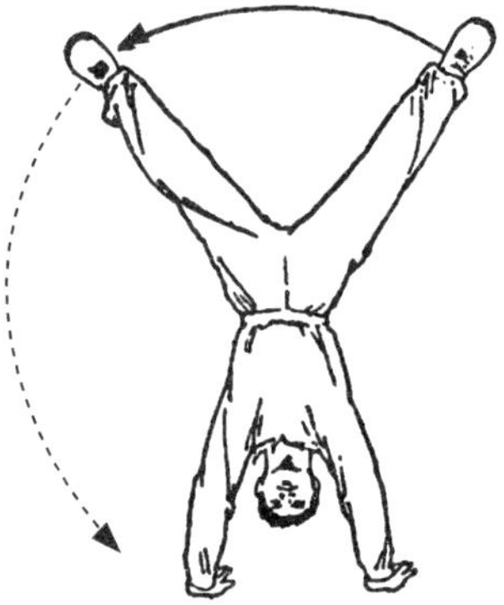

图 126

图 127

【说明】虎跳在技巧运动中叫作“侧手翻”。这个动作必须连贯迅速，落地要轻；在练习时还要左右两侧都做，双手单手都做。

4. 加冠

【动作】①并步站立，左脚上前一步，右脚在后；两手直臂上举，手心朝前；眼看前下方（图 128）；②上身前倒，两手撑地；右腿伸直向后、向上摆起，左脚同时蹬离地面（图 129）；③形成倒立姿势（图 130）；④屈腰，两脚向前翻下落地，膝部前送使重心前移；两手同时推地（图 131），上身直立站起。

【说明】加冠就是“前手翻”。这个动作在从倒立姿势翻下时，腰部必须尽量弯曲，头要向上抬起。在练习一个阶段之后，还可以试着在倒立姿势翻下、两脚尚未着地之前，两手即推离地面使身体腾空，而后两脚再着地站起。

图 128

图 129

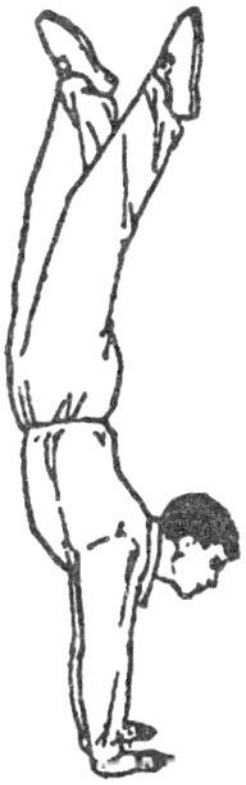

图 130

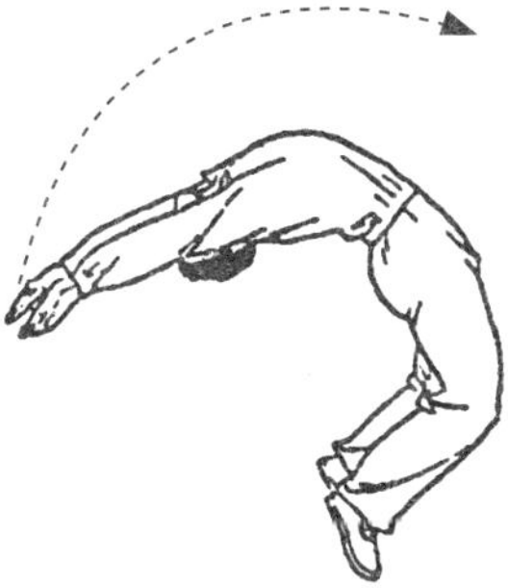

图 131

5. 小翻

【动作】①并步站立，两臂从身前向上举起，两手手心朝前（图 132）；②上身向后屈腰倒下，两臂随着向后摆（图 133）；③两脚蹬离地面，身体腾空（图 134）；④两手落地形成屈体倒立姿势（图 135）；⑤两腿向后摆（图 136），两手推离地面，身体第 2 次腾空；⑥两脚落地站起。

图 132

图 133

图 134

图 135

图 136

【说明】 小翻即“后手翻”。这个动作要求后翻时必须有甩腰的动作，要使腰部成桥形；摆臂、甩腰要快，蹬地时膝部防止向前跪屈。

6. 鲤鱼打挺

【动作】①仰卧，屈体，以背着地；两腿伸向头部，膝部接近前额；两手分放在两大腿上（图 137）；②两腿向后、向下蹬，两手同时推腿，挺腹，仰头，脚落地站起（图 138）。

图 137

图 138

【说明】鲤鱼打挺就是“蹬足起”。这个动作在蹬腿时，必须立即挺腹仰头，否则很不容易立起。在初练阶段也可以将两臂屈肘，两手伸向肩后撑地，在蹬腿挺腹时用两手推地，这种方式比脱手的容易练习。

7. 扑虎

【动作】①并步站立，两腿屈膝略蹲；两臂在身后反臂斜举，两手手心朝上；目视前下方（图 139）；②两脚蹬离地面，两臂从后向下、向前摆出，身体腾空（图 140）；③两手着地，两臂屈肘，随之胸、腹、大腿依次着地（图 141）。

图 139

图 140

图 141

【说明】扑虎的要求是跳跃要高，落地要轻，手、胸、腹、膝相继着地的顺序要清楚。练习时两腿也可略为分开，但不可超过两肩的宽度。

8. 前倾跌

【动作】①并步站立，直体向前倾倒（图 142）；②在将要倒向地面时，迅速屈肘用两手在身前撑地，形成俯卧撑姿势（图 143）。

【说明】前倾跌，在一些地躺拳术里经常出现，它们往往在倒地时两手握拳随两臂屈肘举于胸前，两拳相并，以前臂去接触地面。这对初练的人来说是比较危险的，不必照那样练习。

图 142

图 143

9. 盘腿跌

【动作】①两脚开立，左腿屈膝，右腿伸直；两臂向左侧平举（图 144）；②两臂从左向下、向右、向上摆起；左腿也同时向右摆起，右脚则蹬离地面，身体腾空（图 145）；③在空中，上身向左倾倒，左腿屈膝盘起，右腿摆向右侧（图 146）；④以侧卧姿势从空中向地面跌扑（图 147）。

图 144

图 145

图 146

图 147

【说明】①在起跳时左腿的大收肌、长收肌、短收肌、股薄肌都必须极力收缩，使左腿尽量内收高摆，同时右脚要立即蹬地跳起，两臂尽量向右上方甩摆，这样才能跳得高。②在空中，右腿要迅速加紧对臀大肌、臀中肌、梨状肌的收缩，使右腿在起跳后立即向上外展，上身相应地迅速侧倒，这样又可以增加高度。③跌落时，左腿必须屈膝盘紧，使股外肌、阔筋膜张肌由于紧张收缩而向外凸起，左脚也必须紧向内翻使小腿肌肉紧张收缩而凸起；上身平俯，手掌伸平，使腿、臂、手、身保持平稳，这样由于腿部肌肉的凸出、着力点的平均，下跌时才不会产生伤害。④初练时可以跳得低些，顺势躺下就可以，但必须左右都练习。

10. 绞柱

【动作】①身体向左侧卧在地上，左腿屈膝，右腿伸直，左脚贴近在右腿膝前；上身离地稍起，两臂屈肘，两手在身前扶撑地面；目视右脚（图 148）；②右脚以脚内侧贴地从右向身前扫转（图 149）；③上动未停，上身向左躺地，翻身仰卧；右脚离地继续向头部上方扫转，左脚在上身仰卧的同时离地向身体左方扫转；两臂顺势在上身两侧撑地（图 150）；④上动未停，臀部离地，上身仅以肩背着地使身体倒竖起来；右脚从头前向右、向后绞动，左脚则从左向前、向右绞动，两腿在空中绞转；两手顺势随两臂屈肘举于两肩上（图 151）；⑤顺两腿绞转之势，上身翻向右侧卧倒，右腿屈膝；左腿伸直，变为与第 1 动相反的背向姿势。

图 148

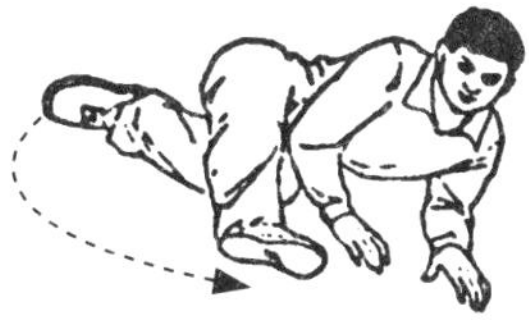

图 149

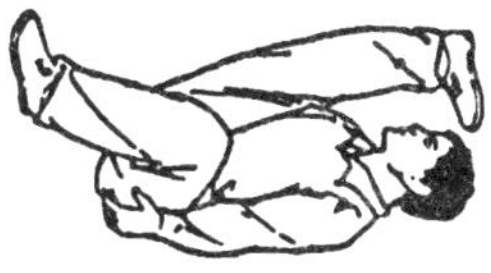

图 150

图 151

【说明】绞柱是地躺拳术里常用的动作，有时要连续绞转 4 ~ 5 个。这就需要在上身翻向右卧时不要停留，应使身体翻转成与第一动相同的姿势，接着做第 2、第 3 个。

武术的垫上运动（跌扑滚翻），内容是非常丰富的。这里只选了其中的一小部分，尚有腾空翻等动作都没有选作武术的基本动作训练。跌扑滚翻训练，一方面固然能使练习者掌握武术中的各种滚动、滚翻、跌扑等基本技巧；一方面也锻炼了腰椎关节、踝关节、腕关节的柔软和坚韧，增强在空中确定方位的能力，促使前庭器官和协调机能的发展；同时还能锻炼肌肉的伸缩幅度。

第四节　折叠旋转动作训练

1. 歇步

【动作】①两脚前后开步站立，左脚在前，右脚在后，两腿伸直；两手叉腰；目视前方；②两腿屈膝下蹲，使臀部坐在右小腿上，左腿叠在右大腿上，左脚尖外展 45°，右脚跟离地掀起（图 152）；③略停片刻，两腿直起，脚掌碾地使上身从右向后转，变成右脚在前、左脚在后（图 153）；④两腿屈膝下蹲，使臀部坐在左小腿上，右腿叠在左大腿上，变成右歇步（图 154）。如此左右轮换练习。

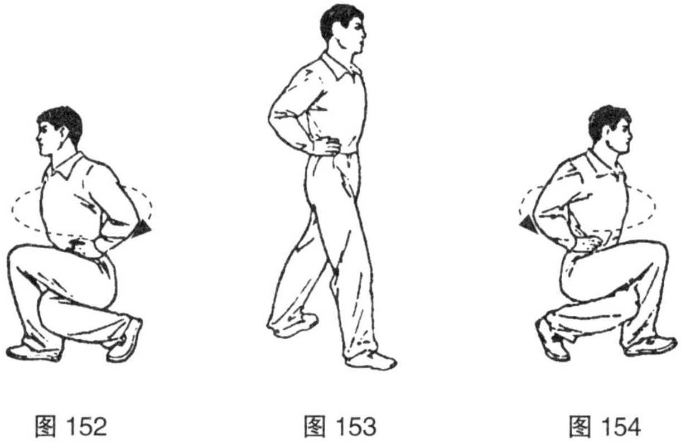

图 152　　图 153　　图 154

【说明】下蹲时两脚之间的距离不要过大，必须使两腿靠近叠拢，臀部与后脚的脚跟贴近；练习时转身、下蹲的动作要快，蹲坐要稳。

2. 坐盘

【动作】①并步站立，左腿屈膝从身后伸向右侧，两臂也伸向右侧，右腿伸直；目视右手（图 155）；②右脚蹬地跳起，左脚向左侧摆动落地，两臂同时从右向下、向左、向上摆动；此时，右腿屈膝从身后伸向左侧；眼看左手（图 156）；③右脚在身后左侧落地，两腿交叉屈膝蹲坐，使右腿盘坐在地面上，左腿叠在右腿上，上身向右侧倾斜；左手直臂在左侧斜上举，五指并拢，右臂屈肘，右手举在右肩前，五指并拢；腰左拧，头左转，仰脸，目视左手（图 157）；④略停片刻，右腿跪地站起，右脚即在身后离地提起，回至第 2 动（和图 156 相仿）；⑤左脚蹬地跳起，右脚向右侧摆动落地，做左腿在地面上盘坐的坐盘（图 158）。如此左右轮换练习。

图 155

图 156

图 157

图 158

【说明】坐盘的折叠姿势，本是静止性的，但在基本训练中，把它与跳跃结合起来活动，这就要求动作做得更加准确。坐盘要求身后的腿必须大小腿都着地，尽量屈膝折拢；身前的腿必须使膝部贴胸；上身既要倾斜又要略向前俯，还必须保持挺胸、直背、塌腰。

3. 前扫腿

【动作】①并步站立，左脚上前一步，左腿屈膝下蹲；右腿在后伸直，右脚尖勾紧，踝内翻以脚底内侧部分贴地，脚底外侧部分稍离地面；上身前俯，两手在身前撑地（图 159）；②左脚跟离地掀起，以脚掌为轴，腰向左拧使右脚贴地向前扫转一周。数次之后换左腿练习。

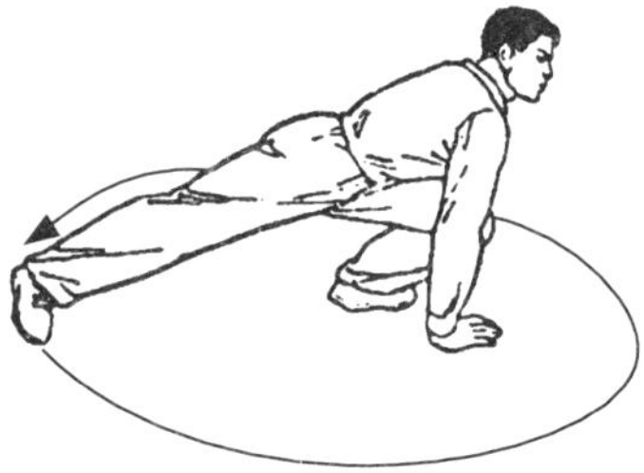

图 159

【说明】①前扫腿有伏地和直身两种。上面的是伏地前扫。直身前扫的练法是：为轴的腿只做半蹲，上身正直；扫转的腿以脚底的前掌部分贴地，后跟部分微离地面；两手不撑地，以腰的转动使脚向前扫转一周至一周半。直身的比伏地的难度要大一些，在伏地前扫腿有了基础后再逐渐练习直身前扫腿就比较容易了。②前扫腿一定要用腰的力量去协助腿的扫转，腿部必须挺膝伸直。③要求能迅速扫转 360° 或更多些，但初练可以从扫转 180° 开始。

4. 后扫腿

【动作】①并步站立，左脚上前一步，左腿屈膝略下蹲，右腿在后伸直，右脚尖勾紧，踝内翻以脚底内侧部分贴地，脚底外侧部分稍离地面；两臂从下向前、向上振摆举起；头向右转，目视右脚（图 160）；②上动未停，左脚跟离地外展，左腿屈膝全蹲，上身向右下方拧腰转动；两臂随身转动向右脚处摆去，两手撑地（图 161）；③以左脚掌碾地为轴，右脚趁拧腰、摆臂之势贴地向后扫转一周。数次之后换左腿练习。

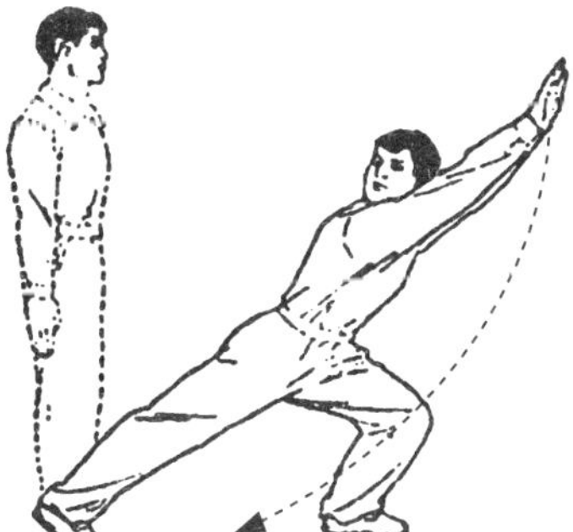

图 160

图 161

【说明】①后扫腿的关键在于拧腰转身和为轴之腿的脚跟离地外展，因此拧腰、转身、脚跟外展的动作既要连贯，又要快速，使它产生转动的惯性力量来帮助腿的扫转。②扫转时，髋要沉、腿要直、脚要贴地，两眼始终追随着右脚，上身与扫转之腿约成 135°的角。③后扫腿要求能扫转一周至一周半，初练时可先从扫转半周开始。

5. 磨盘扫腿

【动作】①并步站立，左腿屈膝全蹲，左脚跟离地掀起；右腿向右侧伸出，右脚尖里扣，踝内翻以脚底内侧部分贴地；上身前俯，两手在身前撑地（图 162）；②右腿从右向前、向左扫转，当扫转至身前时，两手离开地面让右腿扫过（图 163），然后仍撑地（图 164）；③上动未停，右腿继续使腿外旋以脚外侧贴地，向后、向右扫转；当扫至后方时，左脚离开地面让右腿扫过，然后再着地；当扫向右方时，右腿内旋仍以脚内侧贴地；这样扫转一周，又成原来的姿势（图 165）。

图 162

图 163

图 164

图 165

【说明】磨盘扫腿必须连续不停地扫转，连做 5～10 次之后再换腿练习。

6. 旋子

【动作】①并步站立，左脚离地向左后斜方伸出，右脚不动；左臂从下向左、向上、向右绕环摆动，右臂摆向身后（图 166）；②左脚向左后方落步；上身向前平俯，向左、向后甩腰；两臂随之从右向前、向左摆动；右脚离地（图 167）；③上动未停，右腿随身平甩摆动，左腿蹬伸，左脚离地也使腿随身平甩摆动，身体腾空盘旋（图 168）；④盘旋一周后落地再做第 2 次。

图 166

图 167

图 168

【说明】旋子必须使甩腰和摆臂的动作协调一致，形成一股惯性力量；两腿随身摆动要先右后左依次进行；在空中必须抬头、挺胸使身体成水平。

折叠旋转动作训练，在这里选了两个折叠动作（歇步、坐盘）和四个旋转动作（前扫腿、后扫腿、磨盘扫腿、旋子）。折叠动作在运动中由于膝关节、踝关节的屈伸和积极参加活动，可以增强骨骼韧带器官，保证关节的灵活性。旋转动作在前后的、地上和空中的旋转运动中，由于需要惯性力量和有时阻止这种力量，能够锻炼在旋转时保持身体稳定的能力；培养正确地利用旋转时所产生的惯性力量及阻止这种惯性力量的能力。

第五节 步法训练

1. 迈步走

【动作】 ①并步站立，两手叉腰；②右腿屈膝在身前提起（图169），迈过左脚向左侧落步（图170）；③左脚从后面向左跨出一步（图171）；④右腿再屈膝提起，右脚向左迈步，如此连续迈步横行。

图 169

图 170

图 171

【说明】 ①提膝不要过高，行走要迅速。②也要练习从左向右的迈步走。

2. 偷步走

【动作】 ①并步站立，两手叉腰；②右腿屈膝在身后提起（图

172），向左侧落步（图 173）；③左脚从前面向左跨出一步（姿势和图 171 相同）；④右腿再屈膝提起，右脚向左偷步，如此连续偷步横行。

【说明】同迈步走。

图 172

图 173

3. 踏步走

【动作】①左腿在前屈膝半蹲，右腿在后挺膝伸直，成为左弓箭步；左臂在前平举，左手五指并拢，侧屈腕使手指向上；右臂在后反举，右手五指撮拢成钩手，钩尖朝上（图 174）；②右腿屈膝在左腿里侧提起，脚尖上翘（图 175），随即在左脚里侧踏地（图 176），左脚同时向前跨一步，成为与第一动相同的左弓箭步。如此连续做，就是向前跺脚踏步走。

图 174

图 175

图 176

【说明】当右脚踏地时左脚要立即向前跨出，使两个动作连贯起来。踏步走也要左右两脚轮换练习。

4. 击步走

【动作】①与“踏步走”相同；②重心前移，右脚在后离开地面，左脚蹬地跳起，身体腾空；在空中，右脚从后向前击碰左脚里侧（图 177）；③右脚落地，左脚随即向前落步，仍成左弓箭步。如此连续做。

图 177

【说明】跳起不必很高，能离开地面就可；击碰、落步要迅速；弓箭步也不必成半蹲，前腿略屈即可；此动作也要左右练习。

5. 行步走

【动作】①与“踏步走”相同，但姿势略高；②右脚向前上步，左脚即用前脚掌挖地向后掀翻（图 178）；③左脚向前上步，右脚挖地向后掀翻，如此连续行进。

图 178

【说明】①行步走，必须挺胸、直背、塌腰，屈膝、挖地、掀脚，好像“鹿伏鹤行”一般。②行走要迅速，要使身体保持在一定的水平线上，不能有一起一伏的波浪现象。③脚掌挖地，不要用很大的劲；掀翻要使脚跟向臀部靠拢。

步法是构成武术套路运动的主要因素之一，它与手法、眼法、身法并称为武术套路运动中的“四要”。很多步法都在将来学习武术套路中与手眼身法协调地共同练习，上述这些基本步法练习仅为各种复杂的联合步法提供一些基本条件而已。

第三章　基本拳术训练

武术在套路运动方面，分徒手和器械两种，包含着轻快飘逸的、雄伟浑厚的、跌扑翻滚的、舒展劲拔的、短小紧削的、柔的、刚的、慢的、快的等等不同的内容与形式。经过基本功和基本动作训练之后，获得了运动条件，掌握了运动技巧，按中国武术的教学程序（仅指武术的套路运动，不包括散打、击剑、刺枪等搏斗运动）来说，就可以开始进行套路运动的练习了。中国武术的训练是要经过条件培养、技巧训练和套路练习这三个阶段的。当然这三个阶段也不是截然划分，它们还可以交叉进行。

武术的套路运动是很多的。单就华拳、查拳、太极拳、形意拳等这几个比较普遍流行的拳种来说，套路就有二三百项。在这么多的套路里面，有简易的、复杂的；有初级的、高级的。在开始初步练习套路运动的时候，一般都是从简易的初级徒手拳术训练着手，然后循序渐进，由简入繁，由初级到高级，由徒手到器械，由单人练习到两人或三人以上的对练。弹腿、功力拳和短打拳，都是最基本的拳术，在这些基本拳术的基础上进一步练习其他类似华拳和查拳拳种的各种拳术或器械，将会是有益的。

武术运动的徒手拳术中，包含着拳、掌、钩、爪四种不同的“手型”，即使最基本的拳术也含有前面的三种手型。初学拳术，如果先掌握了这四种手型的几个基本变化，以后再学起各种拳术套路来就比较容易了。下面就是这些“手型”的说明和三套最基本的拳术：弹腿、功力拳和短打拳。

第一节 拳、掌、钩、爪

1. 拳

五指卷拢握紧为拳。握拳的方法，就是五指先并拢伸直，然后将食指、中指、无名指和小指的第二、三节指骨（有指甲的一节为第三节指骨）向内弯曲，再将第一节指骨向内弯曲，最后，弯曲拇指使它的第二节指骨紧压在食指和中指的第二节指骨上。

(1) 拳的定位（图 179）

拳心——手心的一面，也即是五指弯曲的一面。

拳背——手背的一面，也即是拳心的反面。

拳面——食指、中指、无名指和小指第一节指骨互并形成的平面。

拳眼——拇指一边的圆孔。

拳轮——小指一边的圆孔。

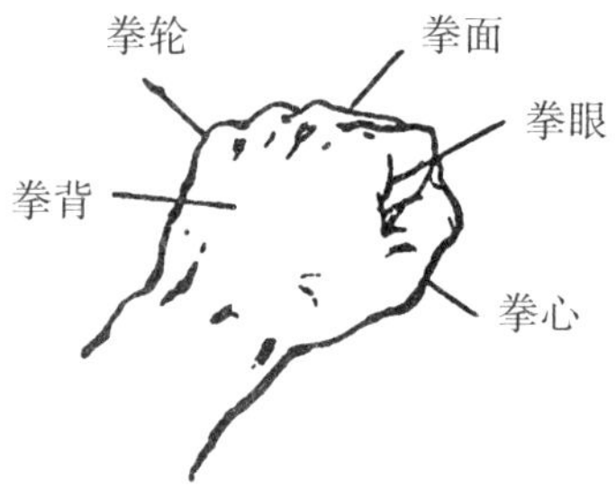

图 179

(2) 拳的变动

俯拳——拳背朝上，拳心朝下，平伸前冲的拳，一般地多为俯拳。

仰拳——拳心朝上，拳背朝下，屈肘收在腰侧的拳，一般地多为仰拳。

直拳——拳眼朝上，拳轮朝下，由上劈砸而下，手臂平举，停在身前或身侧的拳，一般地多为直拳。

反拳——拳轮朝上，拳眼朝下，反臂斜举在身后的拳，一般地多为反拳。

立拳——拳面朝上，直臂上举的拳，或屈肘使拳面朝上的拳，一般地多为立拳。

垂拳——拳面朝下，向下栽伸的拳，一般地多为垂拳。

其他——凡是反臂斜举在身后，拳心朝上的拳，叫作“反臂仰拳”，拳背朝上的拳，叫作“反臂俯拳”。

2. 掌

五指伸直为掌。五指分开的，叫作巴掌；五指并拢的，叫作荷叶掌；拇指展开而其余四指并拢的，叫作八字掌；拇指弯曲而其余四指并拢的，叫作柳叶掌；拇指弯曲而其余四指并拢并且手心内凹的，叫作瓦楞掌等等。图 180 是侧立的柳叶掌。

（1）掌的定位（图 180）

掌心——手心的一面。

掌背——手背的一面。

掌指——手指的前端（指尖）。

拇指一侧——拇指一边的手掌边缘。

小指一侧——小指一边的手掌边缘。

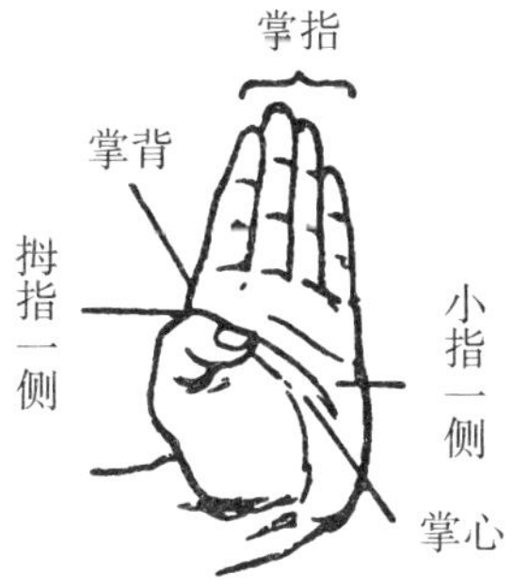

图 180

(2) 掌的变动

俯掌——掌背朝上，掌心朝下。

仰掌——掌心朝上，掌背朝下。

直掌——掌的拇指一侧朝上，小指一侧朝下。

反掌——掌的小指一侧朝上，拇指一侧朝下。

立掌——掌指朝上，腕关节朝手背的一面上屈，使掌背与前臂成90°角。由俯掌部位向上屈腕，即变立掌，这种立掌也叫作正立掌。

侧立掌——掌指朝上，腕关节朝拇指一侧上屈，使食指的边缘与前臂约成90°角。由直掌部位向上屈腕，即变侧立掌。

直立掌——掌指朝上，腕关节不屈。即以直掌或俯掌的手臂向上直举。

倒掌——掌指朝下，腕关节朝手背的一面向下弯曲。由仰掌部位向下屈腕，即变倒掌。

侧倒掌——掌指朝下，腕关节朝小指一侧向下弯曲。由直掌部位向下屈腕，即变侧倒掌。

直倒掌——掌指朝下，腕关节不屈。即以直掌或俯掌或仰掌的手臂向下垂直。

横掌——掌指朝左（按右掌来说），屈腕直肘。由立掌或侧立掌向左平倒（按右掌来说），即变横掌。横掌上举于头，虽掌心朝上，也还称为横掌。

其他——凡是在身后反臂斜举时，掌心朝上的掌，叫作反臂仰掌；而掌背朝上的掌，叫作反臂俯掌。掌在头顶上举时，掌心朝上，而掌指向后的掌，称为仰掌，而不称横掌。

3. 钩

五指撮在一起，腕关节弯曲为钩。

(1) 钩的定位（图 181）

钩尖——撮在一起的五指尖端。
钩顶——腕关节弯曲凸起的地方。

图 181

(2) 钩的变动

正钩手——钩顶朝上，钩尖朝下。

反钩手——钩尖朝上，钩顶朝下。反臂后举时，一般地多为反钩手。

横钩手——钩顶与钩尖横列平行。

4. 爪

在拳术中的爪，分龙爪、虎爪和鹰爪三种。

(1) 龙爪

食指、中指、无名指和小指并拢，拇指伸开；腕关节尽量向手心的一面弯曲，拇指下垂尽量向前臂处牵引，而其余四指向手背一面伸张（图 182）。

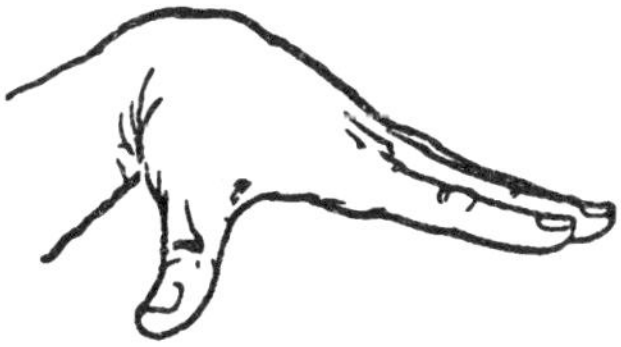
图 182

(2) 虎爪

五指分开，第二、第三节指骨略向手心弯曲（图 183）。

(3) 鹰爪

食指、中指、无名指和小指并拢，拇指张开；五指第二、第三节指骨略向手心弯曲（图 184）。

图 183

图 184

第二节 弹 腿

一、弹腿动作名称

第一路 冲拳

预备姿势

(1) 弓步冲拳

(2) 马步屈肘

(3) 弓步撩拳

(4) 挽臂擂拳

(5) 寸腿弹踢

(6) 弓步冲拳

立定收势

第二路 十字腿

(1) 马步冲拳

(2) 弓步冲拳

(3) 十字腿

(4) 马步冲拳

立定收势

第三路 劈砸

(1) 弓步冲拳

(2) 回身上冲拳

(3) 翻身劈砸拳

(4) 挽臂揺拳

(5) 寸腿弹踢

(6) 弓步冲拳

立定收势

第四路 撑扠

(1) 偷步横撑

(2) 弓步扠掌

(3) 平掌穿喉

(4) 挑腕撩掌

(5) 寸腿弹踢

立定收势

第五路 架打

(1) 马步冲拳

(2) 弓步架打

(3) 挽臂揺拳

(4) 寸腿弹踢

(5) 马步冲拳

立定收势

第六路 双展

(1) 弓步冲拳

(2) 仆步屈肘

(3) 双环拳

(4) 寸腿弹踢

(5) 弓步冲拳

立定收势

第七路 单展

(1) 马步冲拳

(2) 单臂回环

(3) 贯耳拳

(4) 十字腿

(5) 马步冲拳

立定收势

第八路 蹬踹

(1) 弓步冲拳

(2) 马步屈肘

(3) 弓步撩拳

(4) 挽臂揺拳

(5) 寸腿弹踢

(6) 右蒙头护裆

(7) 左蹬踹

(8) 左蒙头护裆

(9) 右蹬踹

(6) 弓步冲拳

立定收势

第九路　碰锁
(1) 弓步冲拳
(2) 腰间碰锁
(3) 前后分掌
(4) 挽臂揣拳
(5) 寸腿弹踢
(6) 弓步冲拳
立定收势
第十路　箭弹
(1) 弓步冲拳
(2) 马步屈肘
(3) 弓步撩拳
(4) 挽臂揣拳
(5) 寸腿弹踢
(6) 托掌冲拳
(7) 弓步推掌
(8) 跃身箭弹
(9) 弓步冲拳
立定收势
第十一路　勾挂
(1) 弓步冲拳
(2) 横步托掌
(3) 撑掌勾挂
(4) 马步栽拳
(5) 弓步击头
(6) 弓步冲拳
立定收势
第十二路　披身拳
(1) 弓步冲拳
(2) 平腿弹踢
(3) 披身伏虎
(4) 弓步冲拳
立定收势

二、弹腿动作图解

第一路　冲　拳

预备姿势

【口令】弹腿预备

【动作】①立正，两脚并拢，左手拇指一侧向上直臂向左平举；

②左臂上举，从头部右侧下落，屈肘，停在右肩处，屈腕立掌，掌心朝右（图 185）；③右手握拳，屈肘，从左前臂里面穿向右侧，平伸击出，拳眼朝上，成直拳（图 186），左手立掌不动，唯以拇指叉在右腋下。

图 185

图 186

【要领】当左手做动作时，眼睛注视左手；当右手做动作时，眼睛注视右手。

(1) 弓步冲拳

【口令】一

【动作】①头向左转，两眼注视前方；②左脚向左跨出一步，左腿屈膝；右脚不动，腿部挺直，脚尖略向左，成左势弓箭步；③左掌握拳向左平伸击出，拳眼向上，两臂成一条水平线（图 187）。

图 187

【要领】两肩放松，不要耸起。冲拳时要快而有力，但在冲出后必须放松肌肉。

(2) 马步屈肘

【口令】二

【动作】①上身略微耸起一些，使左脚便于用脚跟碾转，脚尖向内扣；②上身随左脚尖的内扣而转正，两腿均屈膝半蹲，成马步；③左拳随左臂屈肘放在左肩前面，拳心朝下，肘与肩平；眼仍注视左侧（图 188）。

图 188

【要领】屈肘时，臂部肌肉要紧张，完成动作后，要松弛。对马裆步的要求与基本功训练中的马步相同；屈肘的要求是，左肘与右拳眼要成一条水平线。屈肘的拳，腕部不要弯曲。

(3) 弓步撩拳

【口令】三

【动作】①左拳下降至左膝部（图 188 的虚线）；②左脚以脚跟为轴，使脚尖向左转，右脚以前脚掌为轴，使脚跟向右转；上身随之向左转；右拳臂内旋，使拳眼朝下；③左拳向身后平举，此时两腿又成左势弓箭步，右拳向下经前向左上直臂撩起（图 189）。

图 189

【要领】①第二、第三动作要联合进行，既要转身变弓箭步，又要向身后举拳，还要向身前撩拳。②后举的拳和前撩的拳，两拳眼均朝上，两臂均与肩平。③弓步撩拳的弓箭步是个拧腰的弓箭步，要特别注意后面的脚跟不要拔起。

(4) 挽臂擂拳

【口令】四

【动作】①右拳臂内旋，使拳眼朝下；②屈肘向左胁前挽回；③以拳背从左胁前向上、向前、向下猛擂，肘关节屈收在腰际，拳心朝上（图190）。

【要领】在屈肘挽臂时，不要用力；在擂拳时却要像擂鼓那样地用力擂。在完成动作之后，臂部肌肉立即放松，不要紧张。

图 190

(5) 寸腿弹踢

【口令】五

【动作】右腿屈膝，右脚离地提起，脚趾使劲，用力向前踢出。踢出后脚高不过膝（图191）。

【要领】可参考基本功训练中的弹腿动作训练。

图 191

(6) 弓步冲拳

【口令】一

【动作】①踢出之右脚向前落地，右腿屈膝，左脚不动，左膝部挺直，变成右势弓箭步；②右拳在右脚落地时向前平伸击出，拳眼朝上，与前面的弓步冲拳恰成相反姿势（图 192）。

【要领】参考前述的弓步冲拳。

图 192

立定收势

【口令】立定

【动作】①右脚以前脚掌为轴使脚跟转向正后方（即预备姿势时的正前方），右膝挺直，左脚向右脚并拢，立直；②左拳变掌上举过头，屈肘下降，放在右肩前，右拳在左掌上举时下降在右腿侧旁，并在左臂屈肘时，也屈肘从左臂内侧穿出向右侧平击。此时姿势和预备姿势完全相同，但是方向相反。其实，第一路的立定收势，就是第二路的预备姿势（图 193）。

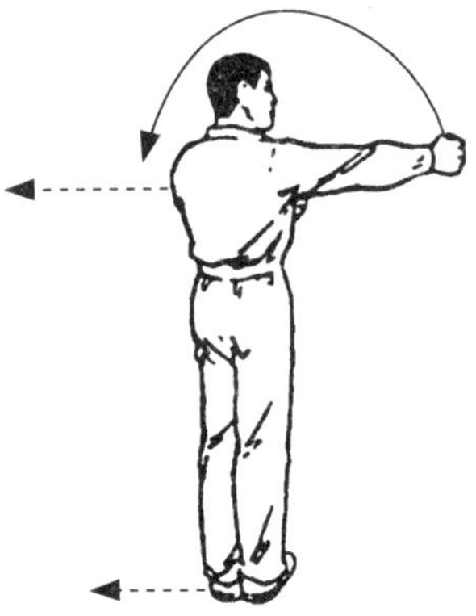

图 193

【注】在练习至第六个动作时，并不立即立定结束，而是继续以相反动作练习下去。第六动弓步冲拳，实是反动作的第一势，接下去是右臂屈肘的马步屈肘（口令二）、左拳撩拳的右势弓步撩拳（口令三）、左拳的挽臂擂拳（口令四）、左脚的寸腿弹踢（口令五）。在这五个反动作做完之后，左脚向前落地，又变成正动作的弓步冲拳（口令一），马步屈肘（口令二）、弓步撩拳（口令三）、挽臂擂拳（口令四）、寸腿弹踢（口令五）。这样，一正、一反、一正，共15个动作（反动作只有5个），做完之后，又成反动作的弓步冲拳（像图192那样），这时才并步立定，结束第一路运动。后面第二、三、四……到十二路大都是这样一正、一反、一正进行的，最后加一个反的动作，并步结束。在这里说明了这个情况，以后不再复述了。

第一路弹腿，在弹腿歌诀里称为“弓步冲捶一条鞭”。从它包括的动作来看，它的锻炼效果是发展上下肢的肌肉。

第二路　十字腿

(1) 马步冲拳

【口令】

【动作】①依图193之虚线，左脚向左跨出一步，两腿屈膝下蹲，成马步；右拳变掌，弧形左移，放在左肩前面；②右掌又变拳，收至右腰侧，左掌也变拳，向左平击；目视左拳（图194）。

图194

【要领】①上身必须挺胸塌腰，两肩外展。②收在腰侧的拳，拳背朝下，肘要向后贴；击出的拳，拳心朝下，拳与肩平，腕要平直。③击拳要用力，击后要放松；击拳总是先紧张，后松弛，以后不再说明了。④马步的要领与基本功训练中的马裆步相同。

(2) **弓步冲拳**

【口令】二

【动作】左脚以脚跟为轴，右脚以前脚掌为轴，使上身左转变成左势弓箭步；左拳臂外旋，使拳心朝上，屈肘收至左腰侧；右拳臂则向前内旋平伸击出，拳心朝下；目视右拳（图195）。

图195

【要领】转身、收拳、击拳三个动作必须同时进行，不分先后。

(3) **十字腿**

【口令】三

【动作】右拳臂外旋，使拳心朝上，屈肘收至右腰侧；左拳臂则向前内旋平伸击出，拳心朝下；左脚不动，右脚向前蹬踢，脚尖上翘（图196）。

图196

【要领】收拳、击拳、踢脚三个动作必须同时进行；蹬踢的脚要与击出的拳相接近，不要过低或过高。

(4) 马步冲拳

【口令】一

【动作】右脚向前落地，变成反方向的马步；左拳臂外旋收至左腰侧，右拳从腰侧向右平伸击出（图 197）。这是第二路中的反动作的第一势，接下去是两个反动作，然后再变三个正动作，才又出现图 197 的反动作。

【要领】同口令一的马步冲拳。

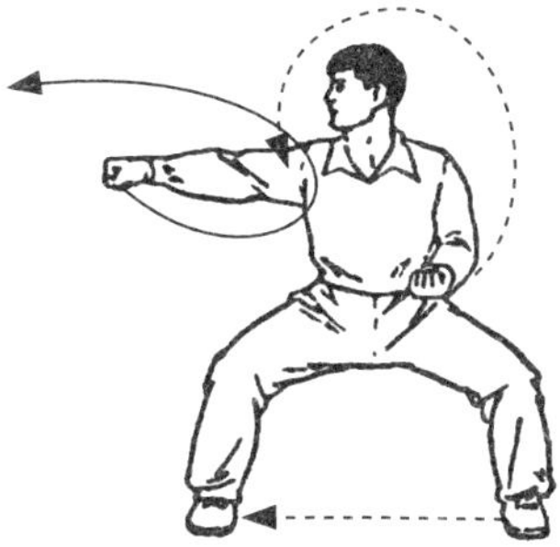

图 197

立定收势

【口令】立定

【动作】两腿立直，左脚向右脚靠拢；左右手的姿势和上述的预备姿势相同，即与第一路的预备姿势完全相同。

在弹腿歌诀中，第二路称为“左右十字奔脚尖”。其步型仍然是马步和弓箭步，对下肢肌肉的发展和第一路并没有两样。但它的马步姿势由于对上身提出了两肩外展、挺胸塌腰的要求，因此对胸大肌、背阔肌、臀中肌、臀大肌的发展比第一路更为有效。

第三路 劈 砸

(1) 弓步冲拳

图 198

【口令】一

【动作】动作与姿势和第一路第一动完全相同（图 198）。

【要领】同第一路的弓步冲拳。

(2) 回身上冲拳

【口令】二

【动作】①右脚以前脚掌为轴使脚跟转向左侧，左脚以脚跟为轴使脚尖转向右前方，上身随之右转，两腿右屈左直成为右势弓箭步；②右拳下沉，直垂在右腿外侧，拳眼朝前；左拳直臂在转身的同时上举，拳眼朝后（图 199）；③左拳向前、向下、向后挥下，反臂后举；拳眼朝下；右拳拳心向面部，屈肘向上冲起，似击别人下颌之状；目视右拳（图 200）。

图 199

图 200

【要领】①回身上冲拳的三个动作必须连贯起来做，图 199 和图 200 实是一个动作的分解。②左拳的反臂后举是个回环性质的动作，因此肩关节必须灵活，肌肉不能紧张。③右臂屈肘右拳上冲动作，臂部肌肉要紧张，至完成动作之后也不要放松，直到开始做下一个动作时才松弛。

(3) 翻身劈砸拳

【口令】三

【动作】①右拳落沉至右腿外侧，仍如图 199，但以拳心向前；②左拳向下、向前经上向后回环举起，拳眼朝上；③上身开始向左翻转（图 201）；④左脚以前脚掌为轴，右脚以脚跟为轴，使右势弓箭步变为左势弓箭步；⑤左拳由左上向左前方劈下；⑥右拳从右腿侧向前上方直举，转臂使拳心向右侧；⑦左拳由前方下沉绕向身后平举，拳眼朝上；右拳随即由上方向前砸下，拳与肩平，拳眼也朝上（图 202）。

图 201

图 202

【要领】①第①、②、③三个动作要同时进行，第④、⑤、⑥、⑦四个动作也要同时进行。②翻身劈砸，除转身外还有翻身动作，因此要求在转身劈拳时，上身稍向后仰，以腰的转动使上身转回。③翻身劈砸也是两肩的灵活运动，因此两肩必须放松。

(4) 挽臂擂拳

【口令】四

【动作】与第一路的挽臂擂拳完全相同。

(5) 寸腿弹踢

【口令】五

【动作】同第一路的寸腿弹踢。

(6) 弓步冲拳

【口令】一

【动作】同第一路的弓步冲拳。

立定收势

【口令】立定

【动作】同第一路的立定收势。

在弹腿歌诀中，第三路称为“翻身盖打劈又砸”。其中心内容是由劈砸动作而形成的两臂回环运动和翻身动作而形成的拧腰运动。回环和拧腰，能促使肩关节的灵活性和脊柱腰椎的柔软性，扩大其运动范围。

第四路 撑 扠

(1) 偷步横撑

【口令】一

【动作】①由图 203 的立定姿势，左脚向左侧移半步，右脚从左脚后面偷步成交叉状；②左掌变拳、右拳变掌；左拳由右肩处向左直臂横扫，拳心朝下，右掌随之向左横扫至左肩处变为立掌，掌心朝左（图 204）。

图 203

图 204

【要领】①偷步交叉的两脚尖必须正对前方。②拳掌横扫时，视线要随拳移动。③两肩不要耸起，右肘要贴近胸腹。

(2) 弓步扠掌

【口令】二

【动作】①左脚向左退一步，右脚以前脚掌碾地，使脚跟向左，右腿屈膝，为右势弓箭步；②右掌拇指朝下，反掌，由左肩处向右横扫（图 205）；③左拳变正倒掌，五指朝下，屈肘收至左腰侧；右掌继续向右侧后方横扫，至身后时五指撮拢，屈腕形成钩手，反臂后举；④左掌由左腰侧变侧立掌，向前平伸扠出，五指朝上，拇指并拢（图 206）。

图 205

图 206

【要领】 前扠掌不能高过前额；后钩手则尽量反臂上举，但也不要由于尽量上举而影响到上身前俯，上身必须挺胸直背，略微有些前倾。

(3) 平掌穿喉

【口令】 三

【动作】 ①左臂外旋，使掌心朝上；右钩变掌，掌心朝上，屈肘收至右腰侧；②右掌从左掌上面向前穿出成为仰掌，左臂屈肘，左掌收至右腋下；目视右掌（图 207）。

图 207

【要领】穿出之右掌，高于肩部，如穿别人的喉部，腕部要直；左肘弯曲要贴近胸前。

(4) 挑腕撩掌

【口令】四

【动作】①右掌依照图207实线的路线移至左肩外侧，五指朝上，掌心朝外；右脚随右掌的移动以前脚掌碾地，使脚跟转向右后方，当右掌移至左肩外侧时，右腿屈膝全蹲，成左仆步（图208）；②右腿伸直，左腿屈膝，变为左势弓箭步；右掌从左肩外侧移向右后方，成为反钩手；左掌向前方撩起，五指朝上，成侧立掌（图209）。

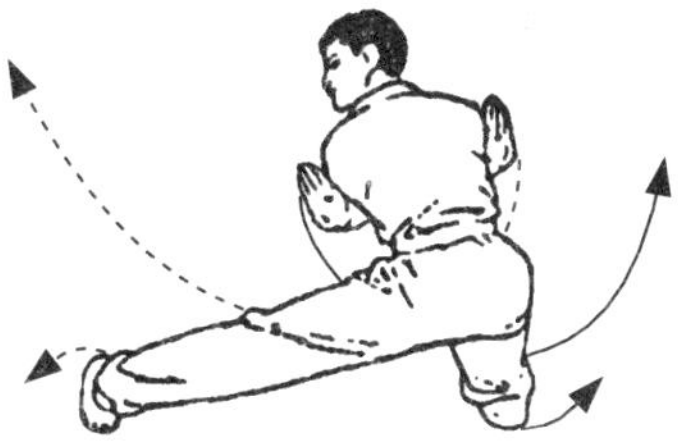

图208

图209

【要领】①仆步时上身向左略倾，左腿必须挺直平铺，脚尖必须向内扣。②撩掌动作必须与反臂钩手和仆步变弓步动作同时进行。

(5) 寸腿弹踢

【口令】五

【动作】上肢姿势不动；右脚五趾用力抓紧，并向前踢出（图210）。

【要领】同前面的寸腿弹踢。

图 210

立定收势

【口令】立定

【动作】右脚落地，脚尖内扣（脚尖对开始时的后方）；左脚向右脚并拢；右钩手变拳，向右击出，拳眼朝上；左掌收于右肩侧，与第一路预备姿势相同。

在弹腿歌诀中，第四路称为“撑扠穿撩把腿弹”。这一路除像上面几路一样能发展某些肌肉外，对腕关节的韧带也能起一定的锻炼作用。在这里必须说明的是：第四路弹腿在进行到第五个动作时，继续做反动作，在右脚落步之后，左脚从右脚后做偷步，两手仍是立定时的动作，只是变成反动作的偷步横撑姿势，这样做下去便成反动作，在变为第二次正动作时再做立定收势。

第五路 架 打

(1) 马步冲拳

【口令】一

【动作】与第二路的马步冲拳相同（图 211）。

【要领】同前述的马步冲拳。

图 211

(2) 弓步架打

【口令】二

【动作】右脚以前脚掌为轴，左脚以脚跟为轴，同时向左转，变为左势弓箭步；左臂屈肘向上，左拳横架在额角前上方，拳心朝前；右拳从腰侧向前平伸击出，拳心朝下（图 212）。

图 212

【要领】上述动作必须同时进行，左拳上架时不必用很大的力量，而右拳冲出时却要用力击出。

(3) 挽臂擂拳

【口令】三

【动作】同前面的挽臂擂拳（图 213）。

(4) 寸腿弹踢

【口令】四

【动作】同前面的寸腿弹踢（图 214）。

图 213

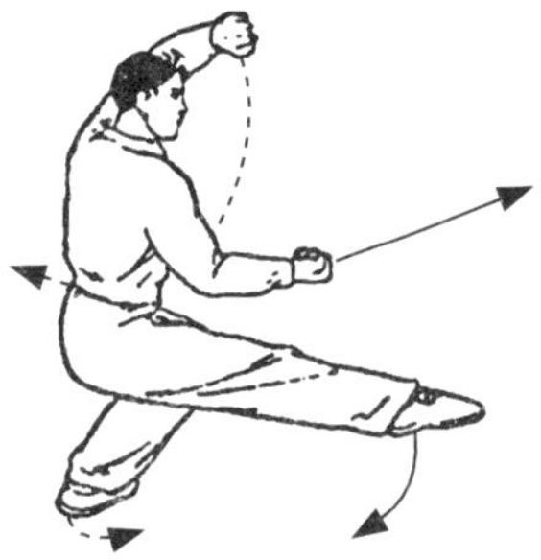

图 214

(5) 马步冲拳

【口令】一

【动作】右脚落地成骑马势；左拳收至左腰侧，右拳向右平击（图 215）。

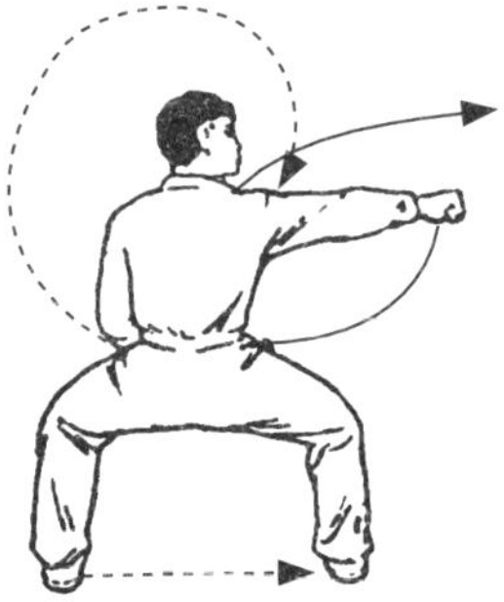

图 215

立定收势

【口令】 立定

【动作】 两腿立直，左脚向右脚靠拢，同前述之立定收势。

在弹腿歌诀中，第五路称为“护头架打掏心拳”。这一路主要发展的肌肉是三角肌、大圆肌、前锯肌、腹外斜肌、胸大肌、背阔肌、缝匠肌、股直肌、阔筋膜张肌、胫骨前肌、腓骨长肌、腓肠肌、比目鱼肌等。

第六路 双 展

(1) 弓步冲拳

【口令】 一

【动作】 同第一路的弓步冲拳（图216）。

图216

(2) 仆步屈肘

【口令】 二

【动作】 左脚尖向里扣，左腿伸直平铺，右腿屈膝下蹲，变成左仆步；左臂屈肘，左拳放在左肩处，拳心朝下（图217）。

【要领】 同仆步及第一路之屈肘。

图217

(3) 双环拳

【口令】三

【动作】①上身立起，两腿变成左屈右直之左势弓箭步；左拳同时像第三路劈拳那样向前劈击，并向下绕至左侧身后平举，右拳随之也像第三路砸拳那样向前砸下（图218）；②左臂屈肘，左拳像第五路那样横架额角前上，同时右拳做挽臂摇拳动作（图219）。

图218

图219

【要领】所谓双环拳，就是两臂做回环动作。因此上述两动必须同时完成。双环拳在变弓步时，肩关节必须放松，而在护头横架、挽臂摇拳时，肘关节也要放松。

(4) 寸腿弹踢

【口令】四

【动作】在后的右脚向前踢出（图220）。

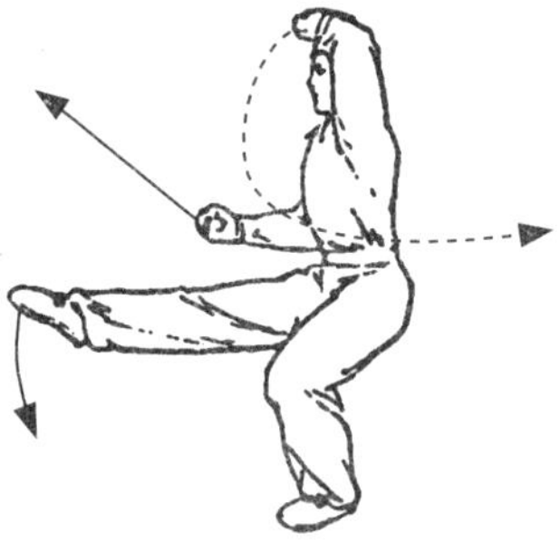

图220

(5) 弓步冲拳

【口令】一

【动作】和上述的弓步冲拳相同。

立定收势

【口令】立定

【动作】同第一路的立定收势。

在弹腿歌诀中，第六路称为“仆步双展使连环”。此路动作的重点，在于两臂的双展回环，所以对肩、肘关节的滑润和坚韧能起锻炼作用。同时两拳也含有屈腕动作，对腕掌、腕背的侧横韧带及肌肉群，也能起锻炼作用。

第七路　单　展

(1) 马步冲拳

【口令】一

【动作】与第二路马步冲拳相同（图 221）。

图 221

(2) 单臂回环

【口令】二

【动作】①左拳依照图221之虚线箭头，向下经前向右上再向左回环，屈肘收至左腰侧，拳心朝上；②同时上身左转，两腿变成左势弓箭步；右拳向上也回环至左腰侧，叠在左拳上，拳心也朝上；身体右侧对着前方（图222）。

图222

【要领】上述动作必须同时进行，而且要迅速连贯，视线随左拳移动，到两拳相叠时，眼睛注视前方。

(3) 贯耳拳

【口令】三

【动作】右拳以拳背用力向前上方掴出，如掴别人的反耳光相仿，拳眼朝上；目光注视右拳，姿势不动（图223）。

图223

【要领】在以拳背贯耳的时候，虽然是直臂掴出，但上臂不要用力，只要前臂用力就行。

(4) 十字腿

【口令】四

【动作】与第二路十字腿相同。

(5) 马步冲拳

【口令】一
【动作】同第二路马步冲拳。

立定收势

【口令】立定
【动作】同第二路立定收势。

在弹腿歌诀中，第七路称为“单展贯耳脚来踢”，也概括了此路的主要动作。这些动作对锻炼肩关节的灵活性，扩大肩部的振幅，以及发展前臂肌肉和腹外斜肌都起着良好的作用。

第八路 蹬 踹

(1) 弓步冲拳

【口令】一
【动作】同第一路的弓步冲拳。

(2) 马步屈肘

【口令】二
【动作】同第一路的马步屈肘。

(3) 弓步撩拳

【口令】三
【动作】同第一路的弓步撩拳。

(4) 挽臂擂拳

【口令】四

【动作】同第一路的挽臂擂拳。

(5) 寸腿弹踢

【口令】五

【动作】同第一路的寸腿弹踢(图224)。

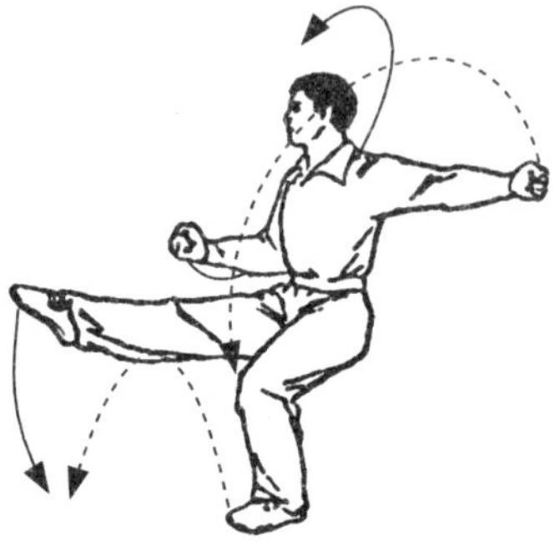

图224

(6) 右蒙头护裆

【口令】一

【动作】依图224之虚实线，右脚向前落半步，脚尖对弹腿开始时的正面方向，上身左转也对正面；右拳向下从身后上举，屈肘蒙头；同时左拳向上经身前下伸护裆；右腿先直后屈下蹲；左腿在左拳护裆时屈膝提起，脚底靠近右大腿前面，在下蹲时，左脚脚尖点地，形成左丁步姿势(图225)。

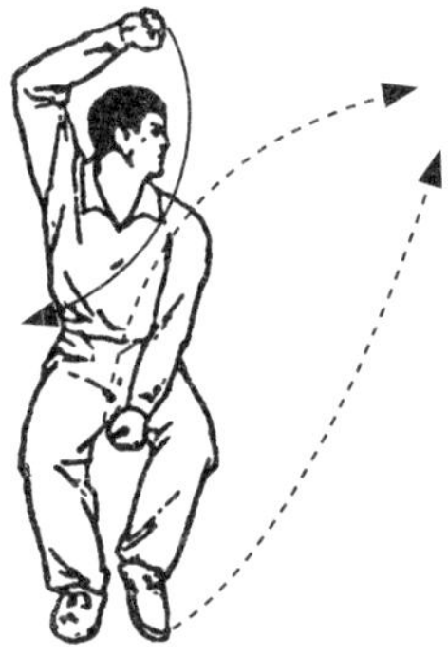

图225

【要领】①做蒙头护裆时两臂不要用很大的力量，肩关节必须放松。②丁步时重心放在右腿上，另一脚脚尖虚点地。③挺胸塌腰，目光左视。

(7) 左蹬踹

【口令】二

【动作】①左臂屈肘，左拳伸向胸前，拳心朝胸，肘贴腹前；右拳从头部经面前下沉，收至右腰侧，拳心朝上；②右腿直立，左腿向左侧踢起，用脚跟蹬踹；左拳拳眼朝上，向左平击（图 226）。

【要领】右肘充分后移，以便展肩扩胸；左拳要与肩平；蹬踹之脚要用力蹬出，但要注意不能因用力而影响身体的平衡。

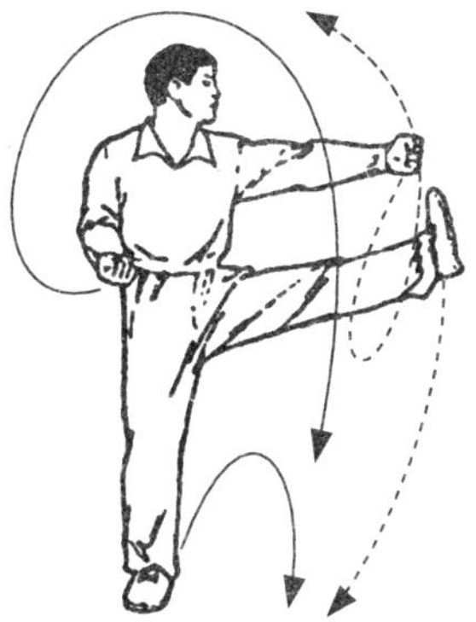

图 226

(8) 左蒙头护裆

【口令】三

【动作】左腿屈膝收回，左脚落于右脚旁；右拳先下沉，后从身后上举，接着向身前下伸护裆；左拳先向下，后即随左臂屈肘上举蒙头，左腿先直后屈，身体下蹲；右腿先屈膝提起，接着以脚尖虚点地，形成右丁步（图 227）。

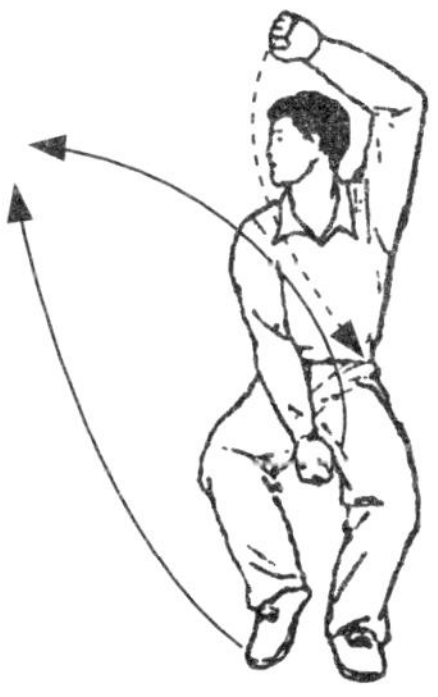

图 227

(9) **右蹬踹**

【口令】四

【动作】与左蹬踹相同，但方向相反（图 228）。

图 228

(10) **弓步冲拳**

【口令】五

【动作】和上述的弓步冲拳相同。

立定收势

【口令】立定

【动作】同上述的立定收势。

在弹腿歌诀中，第八路称为“蒙头护裆踹两边”。由于此路包含肩的外展、全蹲后的直立以及蹬踹动作，所以能很好地发展斜方肌、背阔肌、胸大肌、缝匠肌、股四头肌、阔筋膜张肌、胫骨前肌、腓肠肌、比目鱼肌及髋部肌肉。

第九路　碰　锁

(1) **弓步冲拳**

【口令】一

【动作】同前弓步冲拳（图 229）。

图 229

(2) 腰间碰锁

【口令】二

【动作】①两脚不动，右拳变掌，由上向前拍左拳背（左拳本为拳眼朝上，在右掌下落时，则转为拳背朝上，左臂略屈肘）；②上身向左拧腰，以身体右侧对前方；③右掌与左拳均外旋收至左腰侧，左拳在上，右掌在下，拳掌相叠，拳心和掌心均朝上（图 230）。

图 230

【要领】①右掌下拍时，目光要注视拳掌，并且视线随着拳掌的移动移至腰间，后注视前方。②做这个动作，腰必拧，但不能影响两脚的部位及腿的高度。

(3) 前后分掌

图 231

【口令】三

【动作】①左拳变掌，掌心朝上；②左右两掌向前后推出，右掌向前，左掌向后，均为侧立掌；目光随右掌移至前方（图 231）。

【要领】分掌要用力，两掌要尽量屈腕上翘，五指并拢，不能分开或弯曲。

(4) 挽臂揺拳

【口令】四

【动作】两掌同时握拳，左拳不动，右臂屈肘挽臂揺拳，与前述的挽臂揺拳相同。

(5) 寸腿弹踢

【口令】五

【动作】同前述的寸腿弹踢。

(6) 弓步冲拳

【口令】一

【动作】同前述的弓步冲拳。

立定收势

【口令】立定

【动作】同前述的立定收势。

在弹腿歌诀中，第九路称为“腰间碰锁分两掌”。这路动作强调拧腰及屈腕直掌，所以能发展髂嵴、腰背筋膜、腰方肌、腹外斜肌及桡侧腕屈肌、尺侧腕屈肌、掌长肌等肌肉。

第十路 箭 弹

(1) 弓步冲拳

【口令】一

【动作】同第一路的弓步冲拳。

(2) 马步屈肘

【口令】二

【动作】同第一路的马步屈肘。

(3) 弓步撩拳

【口令】三

【动作】同第一路的弓步撩拳。

(4) 挽臂擂拳

【口令】四

【动作】同第一路的挽臂擂拳。

(5) 寸腿弹踢

【口令】五

【动作】同第一路的寸腿弹踢（图 232）。

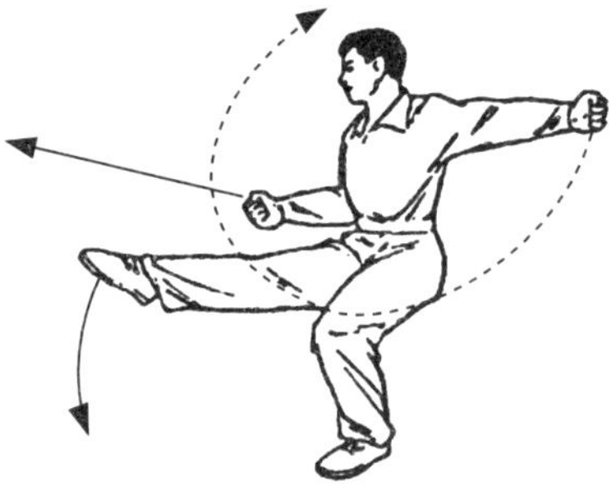

图 232

(6) 托掌冲拳

【口令】一

图 233

【动作】①右脚向前落步，上身左转，面对弹腿开始时的正面，两腿屈膝为骑马势；②左拳变掌向下、向右、向左上方举起，做蒙头状，掌心朝上，指尖朝右；③右拳向右平击，拳心朝下（图 233）。

【要领】①目光先注视着左手，到左掌蒙头时，目光改看右拳。②托掌之肘虽屈，但不要过分，应成半圆形；肘部必须向后展，使左胸挺出；冲出之拳要与肩平，肩关节略向后展，使右胸挺出。③要注意收下巴颏儿和塌腰。

(7) 弓步推掌

【口令】二

【动作】①左臂屈肘，左掌收至左腰侧，屈腕，倒掌，五指朝下；②上身右转，两腿变为右势弓箭步；③右拳收至右腰侧；左掌向前推出，屈腕，手指朝上，成为侧立掌；目视左掌（图 234）。

图 234

【要领】推掌必须用力。

（8）跃身箭弹

【口令】三

【动作】①左腿向前踢起；左掌变拳收至腰侧，右拳在左腿踢起的同时向前平击（图 235）；②右脚蹬地跃起，在空中，左腿屈膝，右腿用脚跟向前蹬踹，膝部挺直；右拳立即收至腰侧，左拳在右腿前蹬的同时向前击出，犹如在空中进行第二路中的十字腿动作，但拳眼朝上（图 236）。

图 235

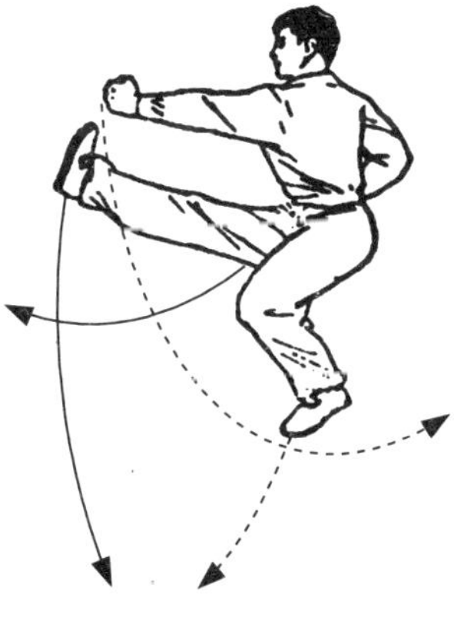

图 236

【要领】踢腿与蹬地动作要连贯紧凑。在空中的箭弹，上身要向前稍做俯压，以助高度。

(9) **弓步冲拳**

【口令】一

【动作】左脚先落地，当右脚落地时即成右势弓箭步；两拳由胸前向前后击出，姿势和第一路弓步冲拳相同。

立定收势

【口令】立定

【动作】同前面的立定收势。

在弹腿歌诀中，第十路称为“空中箭弹飞天边”。它是弹腿中唯一的一个跳跃动作。这个跳跃动作的要求并不低，要跳得越高越好。这路主要是培养弹跳力和发展上下肢的肌肉。

第十一路　勾　挂

(1) **弓步冲拳**

【口令】一

【动作】同前第一路弓步冲拳（图 237）。

图 237

(2) **横步托掌**

【口令】二

【动作】左拳变掌，向前下

方抄起，掌心朝上，随左臂屈肘托在胸前；同时左腿向右脚后面横移挺直，右腿向正面屈膝，成为右势弓箭步；右拳不动；目视左侧（图 238）。

图 238

【要领】挺胸塌腰，脚跟不要掀起。

(3) **撑掌勾挂**

【口令】三

【动作】左掌臂内旋翻转，五指朝上，由胸前向前、向左弧形平摆撑出；左脚向前踢起勾挂，脚尖上翘，高不过膝；右腿仍屈膝（图 239）。

图 239

【要领】勾挂时，小腿较用力，脚尖必须翘起；右膝并不伸直，但可以略微升高一些；上身不要后仰，应向前略倾。

(4) **马步栽拳**

【口令】四

【动作】依图 239 的虚实线，左脚向左踏一步，上身由左向后转，同时右脚也向左侧跨一步，变成骑马势；左掌变拳，斜沉于左腿外侧，拳眼朝下；右拳在右脚上步时，屈肘放在右耳际，在变为骑马势时，由耳际向下栽击于裆前，拳心朝里；目视右侧（图 240）。

图 240

【要领】同前述的骑马势。

(5) 弓步击头

图 241

【口令】五

【动作】两腿变为右势弓箭步；左拳从左腿侧向前上方横扫击出，拳心朝下；右拳仍栽沉在裆前不动（图 241）。

【要领】左拳要用力横击，高度如击别人之头部，不要过高或过低。

(6) 弓步冲拳

【口令】一

【动作】①两拳均收在胸前，两臂屈肘，肘部贴靠腹部，拳心朝面部；②两拳由胸前同时向左右伸出，同前述的弓步冲拳。

立定收势

【口令】立定

【动作】同前述的立定收势。

在弹腿歌诀中，第十一路称为“勾挂连环机妙巧”。这一路主要是发展股直肌、缝匠肌、股内肌、胫骨前肌、腓肠肌及比目鱼肌等，其他上肢肌群同前。

第十二路 披身拳

(1) 弓步冲拳

【口令】一

【动作】与上述的弓步冲拳相同，但左拳伸出时略高，右拳在出步时臂内旋，使拳眼朝下，变成反拳（图 242）。

图 242

(2) 平腿弹踢

【口令】二

【动作】右脚向前踢出，脚面绷直；左腿微屈膝（图 243）。

【要领】平腿弹踢虽比寸腿弹踢的高度较高，但用力程度还是相同。

图 243

(3) 披身伏虎

【口令】三

【动作】右脚向前落步，上身左转，成为左腿屈膝、右腿挺直的反弓箭步；左拳向下反臂斜举于左腿外侧，右拳向上回环下栽于裆前；目视右侧（图244）。

图244

【要领】落步变势及右拳下栽等动作必须同时进行，并要迅速、用力。

(4) 弓步冲拳

【口令】一

【动作】右臂屈肘，接着右拳向前冲出；反弓箭步变成正的右势弓箭步（图245）。

图245

立定收势

【口令】立定

【动作】同前述的立定收势。

在弹腿歌诀中，第十二路称为“披身伏虎下栽拳”。此路可以发展胸大肌、前锯肌、腹外斜肌、三角肌、肱二头肌及下肢肌肉。

第三节 功 力

一、功力拳动作名称

1. 预备姿势
2. 上冲拳
3. 马步栽拳
4. 弓步横击（右）
5. 弓步栽拳
6. 弓步横击（左）
7. 弓步栽拳
8. 分掌并步
9. 弓步双冲（左）
10. 弓步双冲（右）
11. 偷步横扫
12. 抡臂上冲
13. 左蹬脚
14. 右蹬脚
15. 弓步冲拳
16. 马步挑击
17. 败势斜击
18. 弓步冲拳
19. 马步挑击
20. 三环套月（一）
21. 三环套月（二）
22. 三环套月（三）
23. 三环套月（四）
24. 弓步双冲（一）
25. 弓步双冲（二）
26. 弓步双冲（三）
27. 马步挑击
28. 马步掳击
29. 歇步栽拳
30. 翻身劈拳
31. 马步挑击
32. 马步掳击
33. 败势斜击
34. 跳步击拳
35. 扣腿穿喉
36. 挑腕撩掌
37. 扣腿双穿喉
38. 托掌冲拳
39. 立定收势

二、功力拳动作图解

1. 预备姿势

【口令】功力拳预备

【动作】面向东，站好立正姿势，两臂屈肘，两手握拳抱在腰部两侧；目视前方（图246）。

【要领】两拳拳心朝上，两肩向下沉，两肘向后拢，挺胸收腹，下颌内收，目视前方。不能因挺胸收腹而使呼吸停在胸间，应以正常的规律进行呼吸。

图246

2. 上冲拳

【口令】一

【动作】两拳由腰际向上直冲，拳心朝前，拳眼相对（图247）。

【要领】两臂上举必须垂直，以保持扩胸状态。

【功效】锻炼三角肌、肱三头肌、肱二头肌、肱桡肌和桡侧腕长伸肌。

图247

3. 马步栽拳

【口令】二

【动作】①右脚不动，左脚向左跨出一步，两腿屈膝形成骑马势；②两拳在左脚跨出时，屈肘放在两耳际，拳心朝前，两肘外展；③两拳在形成骑马势后由耳际向裆前栽击，拳心朝内；目光前视（图248）。

图248

【要领】挺胸塌腰，大腿要蹲平，两臂并不垂直下栽而是向前下方斜栽。

【功效】主要发展下肢的缝匠肌、股直肌、股内肌、股外肌、胫骨前肌、腓肠肌和比目鱼肌。

4. 弓步横击（右）

【口令】二

【动作】①右臂屈肘，右拳收至右腰侧，拳心朝上（图249）；②左拳向右、向上、向左下直臂回环，左脚以脚跟为轴、右脚以前脚掌为轴，同时碾地，上身左转，形成左势弓箭步；③此时左臂屈肘，左拳收于左腰侧，右拳从腰际向右前平击，拳心朝下；目视右拳（图250）。

图 249

图 250

【要领】①左臂回环，肩部要放松；右拳横击，要快而有力。②扩胸，两肩外展，上体略向前俯。

【功效】主要能发展下肢的股直肌、股内肌、股外肌、腓骨长肌、胫骨前肌、髂腰肌、阔筋膜张肌和上肢的肱二头肌、三角肌以及背阔肌、胸大肌、腹外斜肌等，并能促进肩关节的灵活性。

5. 弓步栽拳

【口令】四

【动作】①两臂屈肘上举，两拳附于耳际；②直臂向前下方斜栽，拳心朝下(图 251)。

图 251

6. 弓步横击（左）

【口令】五

【动作】①左臂屈肘，左拳收至左腰侧；②右拳向上、向右直臂回环；右脚以前脚掌碾地，使脚跟转向左方，左脚以脚跟碾地，使脚尖里扣，上身随之右转，成为右势弓箭步；③此时右臂屈肘，右拳收于右腰侧，左拳则从腰际向左前平击，拳心朝下；目视左拳（图252）。

图252

要领与功效和右弓步横击相同。

7. 弓步栽拳

【口令】六

【动作】与动作5（弓步栽拳）相同，但方向相反（图253）。

图253

8. 分掌并步

【口令】七

【动作】①两拳变掌，交叉于右膝前（图 254）；②左脚向右脚并拢；两掌交叉上举，并分向左右两侧绕环；③上身立直，两掌从左右两侧变拳抱于两腰侧，两肘后屈；目视正前方（图 255）。

图 254

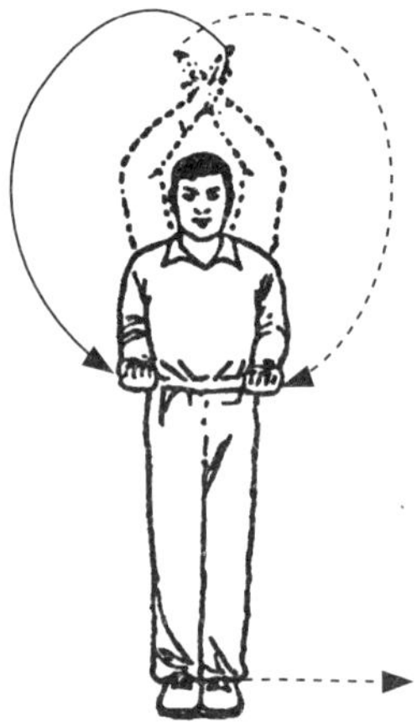

图 255

【要领】这个动作好像在做深呼吸，但两掌绕环时要迅速。

【功效】活动肩关节，促使背阔肌、胸大肌等肌肉做紧张和松弛的锻炼。

9. 弓步双冲（左）

【口令】八

【动作】左脚向左跨出一步，左腿屈膝，右腿挺直，成为左势弓箭步；上身左转；两拳同时由腰际向前平击，拳心朝下；目视两拳（图 256）。

【要领】两拳略高于两肩，上身略向前倾，后腿用力挺直，前腿尽量前屈，脚跟完全着地，腰部和臀部下塌。

【功效】主要发展上下肢的肌肉。

图 256

10. 弓步双冲（右）

【口令】一

【动作】①右拳由身前下沉，向后反举，变成反钩手（图 257）；②左脚收回，并于右脚旁，两腿直立；左拳变掌，由身前下沉，随左脚并步向右肩处屈肘抄起，成为正立掌（图 258）。

图 257

图 258

【口令】二

【动作】①左脚向左跨出一步，左腿屈膝；左掌仍变拳由右肩处上举，并向前劈下，拳眼朝上（图 259）；②右脚上步，身体左转，右钩手变拳，由上向前砸下，左拳收于左腰侧，两腿屈膝，形成骑马势（图 260）；③右拳收于右腰侧（图 261）。

图 259

图 260

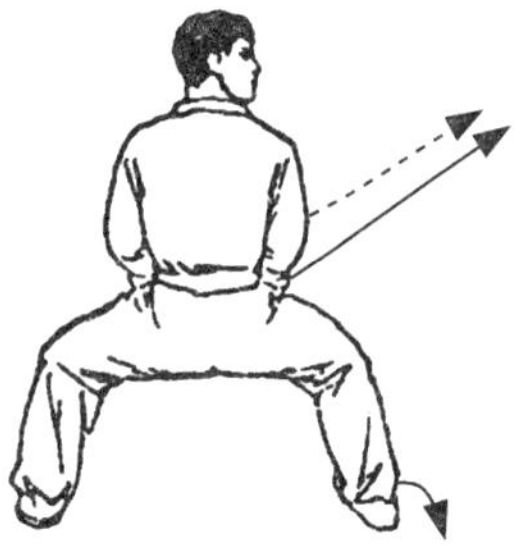

图 261

【口令】三

【动作】①左脚以前脚掌碾地，右脚以脚跟碾地，使上身右转，变成右势弓箭步；②两拳由腰际向前平击，拳心均朝下（图 262）。

图 262

【要领】在马步变为弓步双冲的时候，左腿要猛力蹬直，而两拳在左腿猛蹬、上身右转时，用力击出。

11. 偷步横扫

【口令】一

【动作】右脚从左脚后向西做偷步；左拳由身前随上身左转向左方横扫，右拳变掌同时向左横扫附在左肩部，势如第四路弹腿中的偷步横撑（图 263）。

【要领】右脚在做偷步之前，左脚要转正，偷步时两脚尖必须在一直线上，不可参前落后。

图 263

12. 抡臂上冲

【口令】二

【动作】两脚以前掌碾地，使上身从右向后转向正南；左拳不动，右掌在转身时从左肩处举至头顶上面（图 264）。

图 264

【口令】三

【动作】①左脚向右脚并拢，两腿屈膝下蹲；左拳垂下，右掌变拳直举（图 265）；②两腿全蹲；左拳向前、向上举起，右拳向后绕至下方，拳心朝后（图 266）；③左拳由上向后绕环，至身后下方时，左臂屈肘左拳收于左腰侧；右臂屈肘，右拳从身前向上冲举；身体随之立起；目视左侧（图 267）。

图 265

图 266

图 267

【要领】抡臂上冲是两臂向后回环的动作，因此要求两肩放松；在形成冲天炮拳后，左肘要后移，胸要挺，腹要收。

【功效】主要锻炼肩关节周围的肌腱纤维及从肩胛骨喙突展延而来的副韧带，扩展周旋运动的范围；并能增强膝关节的蹠肌腱、腘肌腱、腓侧副韧带、腘斜韧带、半膜肌腱等的强韧性。

13. 左蹬脚

【口令】四

【动作】右臂屈肘护头，拳心朝上，左拳伸于裆前护裆，拳眼朝前；右脚不动，左脚用脚跟向左侧平伸蹬出；目视左脚（图 268）。

图 268

【要领】上身在蹬脚时要略向左转，右腿必须挺直，左腿蹬直，脚尖上翘。

【功效】主要发展髋部肌腱和股二头肌、半膜肌、小腿三头肌等。

14. 右蹬脚

【口令】五

【动作】①左脚向前落步，脚尖外撇；②上身从右向左后转；左拳在转身后由左侧上举，屈肘护头；右拳下栽裆前护裆；③右脚向右侧平伸蹬出（图 269）。

要领和功效同上。

图 269

15. 弓步冲拳

【口令】六

【动作】①右脚向前落步，成右势弓箭步；左拳拳心向里，由头上屈肘做挎物状落于胸前，右臂也同时屈肘做挎物状，右拳由下向上挎于胸前；②两拳同时由胸前向前后平伸冲出，拳眼朝上（图 270）。

图 270

【要领】落步变弓箭步时，先成马步状，将两拳收于胸前，然后左腿用力一蹬成弓箭步，同时两拳向前后冲出。

16. 马步挑击

【口令】一

【动作】左脚不动，右腿屈膝提起，上身右转正对功力拳的起势方向（正东方向）；右拳变掌，掌心朝上，屈肘，以掌背略击右腿；左拳随上身的转动，向左侧平伸（图 271）。

图 271

【口令】二

【动作】①右脚向右侧伸出落步，右腿伸直；右掌臂内旋，以掌心附于右腿前；左腿屈膝，上身左转，形成左势弓箭步；左拳不动（图 272）；②左臂屈肘，左拳向上、向里收至右肩处，右掌直臂向左前方挑起；③上身右转，变为马步；左拳成俯拳，由右肩处向左平击；右掌收至左肩处，五指朝上，为正立掌，右臂胸前屈肘；目视左拳方向（图 273）。

图 272

图 273

17. 败势斜击

【口令】三

【动作】①右掌向下、向右后方斜举，变成反钩手；②左脚向右脚靠拢，两腿直立；左拳变掌，随左脚并步，从左向右肩部抄起，五指朝上，为正立掌（图 274）。

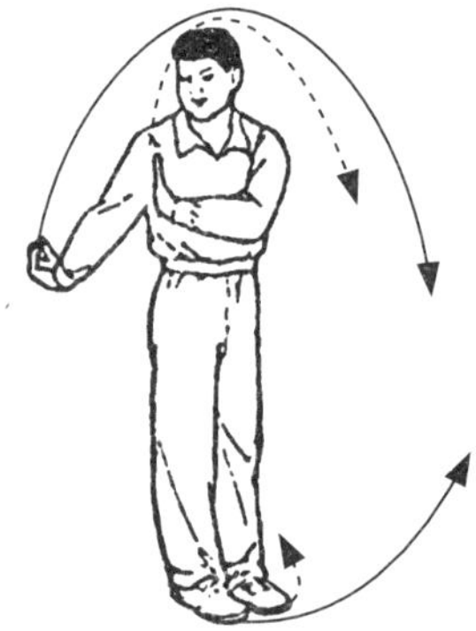

图 274

【口令】四

【动作】①左脚仍向左跨出一步，左腿屈膝；左掌变拳由右肩处上举，并向左前方劈下；②右脚向左侧上步，身体左转；右钩手变拳，并由上向前砸下；③左腿屈膝，右腿挺直，上身向左侧倾斜；右拳臂内旋使拳眼朝下，形成反拳斜伸于右腿上方；左拳同时变正立掌，附在右肩前；目向右侧注视（图275）。

图 275

【要领】①口令四的动作，必须在同一时间进行，要快，要一致；②败势的左腿屈膝同于骑马势，而右腿挺直则同于弓箭势，左肘要贴拢胸腹部，脸转向右侧。

【功效】主要发展冈上肌、三角肌、冈下肌、大圆肌、肩胛下肌及腿的肌肉。

18. 弓步冲拳

【口令】五

【动作】①右腿屈膝成马步状；左掌变拳和右拳一同置于胸前，两臂弯曲，肘关节贴于腹部；②左腿猛伸，变成右势弓箭步；两拳随即向左右两侧平击，拳眼朝上，均为直拳；目视右拳方向（图 276）。

图 276

19. 马步挑击

【口令】一

【动作】与前述的马步挑击动作的口令一相同，唯方向相反，此动朝北（图 277）。

【口令】二

【动作】和前述的马步挑击动作的口令二相同，唯方向相反，此动朝北（图 278—图 280）。

图 277

图 278

图 279

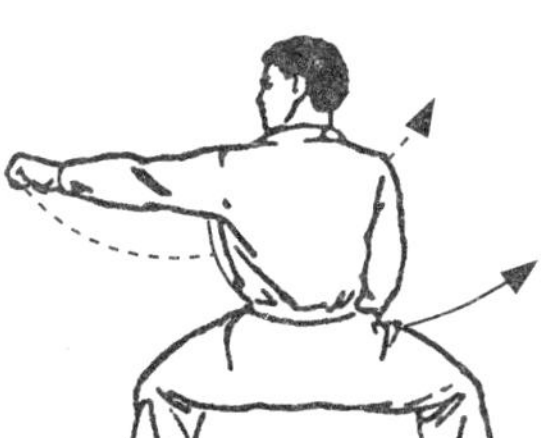

图 280

20. 三环套月（一）

【口令】三

【动作】①右掌变反钩手向右侧斜举；②左脚向右脚并拢，两腿直立；左拳变正立掌，抄向右肩；目视左前（图 281）。

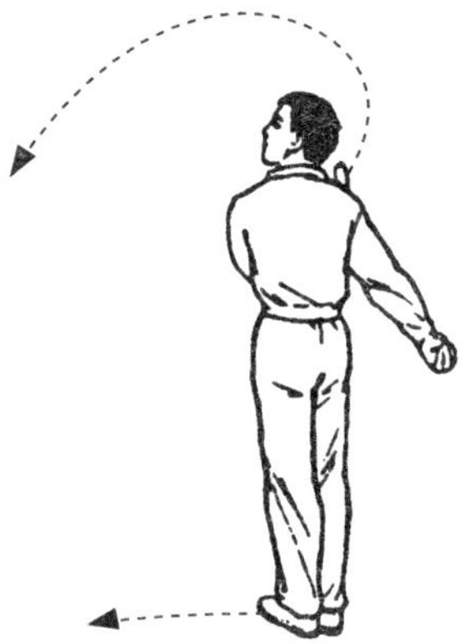

图 281

【口令】四

【动作】①左脚向左侧上一步，左腿屈膝；左掌变拳，由右肩处向上、向左劈下（图 282）；②右脚上步，身体左转，右腿屈膝，左腿伸直；右钩手变拳随右脚上步向前砸下，而左拳由前下沉绕向后方举起（图 283）；③右拳继续下沉，由前下方屈肘绕至胸前，而左拳则继续上举，屈肘绕至头部，两拳心皆朝里（图 284）；④左拳下落绕向左侧后方，反拳斜举，拳眼朝下；右拳拳眼朝上，由胸前向右前方平击；目视右拳方向（图 285）。

图 282

图 283

图 284

图 285

【要领】三环套月是两臂的回环动作，分二部进行。第一部即口令三的钩手、抄手与并步，要先钩手然后再抄手并步，不能一起做。第二部即口令四的两拳回环，两拳回环要依次连贯进行，不能中途停顿。

【功效】训练肩关节的外展、内收、屈伸、旋内、旋外的种种动作；扩展运动范围；增强喙肩韧带、三角肌、冈下肌、大圆肌、肩胛下肌、肱桡肌、桡侧副韧带、桡骨环状韧带等肌腱和韧带的坚韧性。

21. 三环套月（二）

【口令】一

【动作】右拳臂先内旋使拳眼朝下，接着变为反钩手；右脚以前脚掌碾地，使脚跟向外磨，并挺膝直立；左脚向右脚靠拢；左拳变为正立掌，由下向右肩部抄起，五指朝上，掌心朝右；目视左方（图 286）。

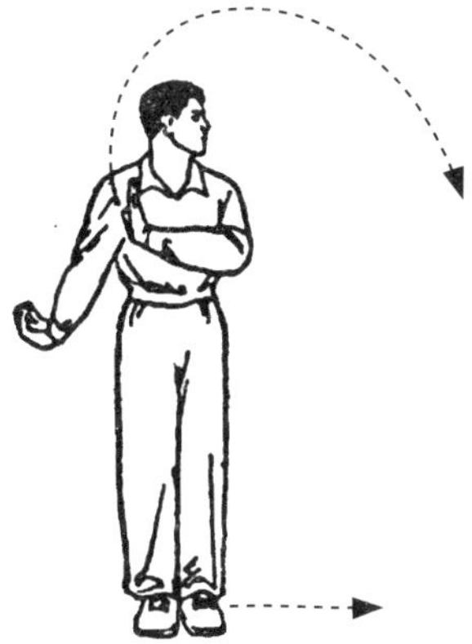

图 286

【口令】二

【动作】①左脚向左侧上一步，左腿屈膝；左掌变拳，由右肩上举，并向左劈下（图 287）；②右脚上步，身体左转，右腿屈膝，左腿伸直；右钩手外旋变拳，使拳心朝上，并随右脚的上步向前砸下，而左拳由前下沉绕向后方举起（图 288）；③左拳向上，右拳向下，两臂屈肘内收，两拳置于胸前，接着向左右绕环伸出，左拳眼朝下，成反拳，右拳眼朝上，成直拳；目视右拳方向（图 289）。与三环套月（一）完全相同，唯方向相反，此动朝北。

图 287

图 288

图 289

22. 三环套月（三）

【口令】三

【动作】左拳不动；右脚向左脚靠拢；右拳变掌向左肩处抄起，五指朝上，掌心朝左。这个动作与上述的三环套月（二）口令一的动作相反；上述的是左脚向右脚靠拢，左拳变掌抄至右肩，而这里是右脚向左脚靠拢，右拳变掌抄至左肩。

【口令】四

【动作】右脚向右上步，右腿屈膝；右掌变拳，由左肩上举，并向右劈下；左脚上步，身体右转，左腿屈膝，右腿伸直；左钩手外旋变拳随左脚上步向前砸下，而右拳下沉后举；两拳收至胸前，并向左右绕环伸出（图 290）。此动作与上述的三环套月（二）口令二的动作完全相同，唯方向相反，左拳眼朝上，右拳眼朝下。

图 290

23. 三环套月（四）

【口令】五

【动作】右拳不动，左脚向右脚靠拢，左拳变掌，抄至右肩处，与三环套月（二）的口令一的动作完全相同。

【口令】六

【动作】和三环套月（二）的口令二相同（图 291）。

图 291

24. 弓步双冲（一）

【口令】一

【动作】同前述的弓步双冲口令一。依图 291 的虚线将左脚向右脚靠拢，左拳变掌随左脚并步抄向右肩，右拳内旋下落，使拳眼朝下，变成反钩手，斜举于右侧（图 292）。

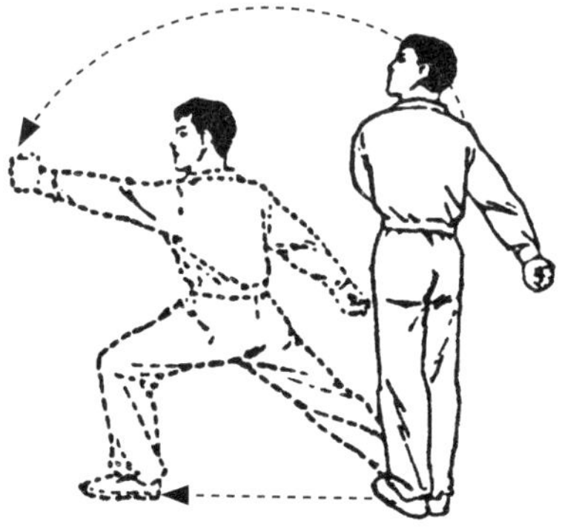

图 292

【口令】二

【动作】①左脚向左跨出一步，左腿屈膝；左掌仍变拳由右肩处上举，并向左劈下；②右脚上步，身体左转；右钩手仍变拳，由上向右砸下，左拳收于左腰侧，两腿屈膝成骑马势；③右拳收于右腰侧，形成双拳抱腰。与第 10 式的弓步双冲（右）口令二的动作完全相同，可参考图 259—图 261，但图面是相反的。

【口令】三

【动作】①左脚以前脚掌碾地，右脚以脚跟碾地，使上身右转，变成右势弓箭步；②两拳由腰际同时向前平击，拳心朝下，均为俯拳（图 293）。

图 293

25. 弓步双冲（二）

【口令】一

【动作】①左拳由身前下沉，向身后反臂斜举成反钩手（图 294）；②右脚收回向左脚并拢，两腿直立；右拳变正立掌，由身前下沉，随右脚收回向左肩抄起（图 295）。

图 294

图 295

【口令】二

【动作】右脚向前跨出一步，右腿屈膝；右掌变拳，向前劈下；左脚上步，身体右转；左钩手变拳并向前砸下，右拳收于右腰侧，两腿屈膝成马步；左拳此时也收于左腰侧。

【口令】三

【动作】换脚做弓步双冲（一）口令三的动作，唯动作左右相反（图 296）。

图 296

26. 弓步双冲（三）

【口令】一

【动作】①右拳向身后反臂斜举，变成反钩手；②与弓步双冲（二）口令一相同。

【口令】二

【动作】与弓步双冲（一）口令二相同。

【口令】三

【动作】与弓步双冲（一）口令三相同（图 297）。

图 297

27. 马步挑击

【口令】一

【动作】①左拳下沉向左平举，变成直拳；上身随之左转，两腿屈膝变成骑马势（图 298）；②右拳变掌下沉，随右臂屈肘向左侧上挑；左臂屈肘，使拳心朝后，举于左肩边（图 299）；③左拳依图 299的虚线由右手下面向左平击，拳心朝下；右掌收至左肩前，五指朝上，成为正立掌（图 300）。

图 298

图 299

图 300

28. 马步拐击

【口令】二

【动作】①左臂屈肘内收，左拳由下向里挽臂（图 301）；②右掌向左肩外侧推出，接着变拳下沉，收至右腰侧，拳心朝上；左拳向左平击，拳心朝下；目视左拳方向（图 302）。

图 301

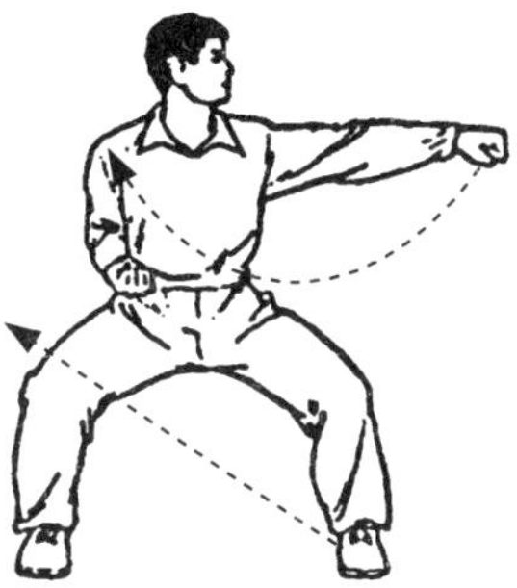

图 302

29. 歇步栽拳

【口令】三

【动作】右腿直立，左腿屈膝提起；右拳不动，左拳变掌，随左腿的提膝向下绕环至右肩前（图 303）。

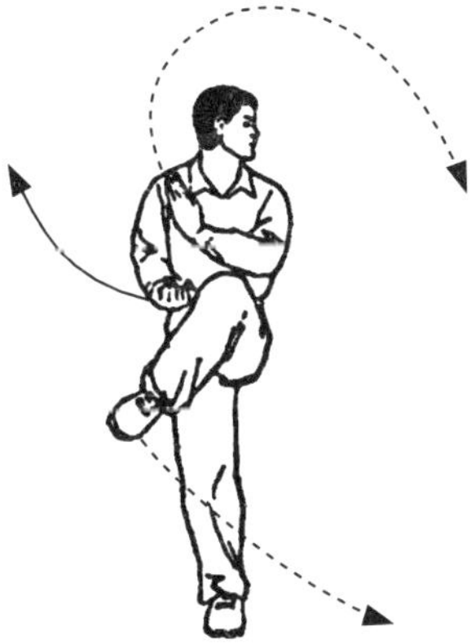

图 303

【口令】四

【动作】①左脚向左落步，左掌向上、向左绕环落至侧平举部位；右脚离地，右拳向右直伸（图 304）；②左脚蹬地跳起，右脚向前跃步，身体左转；左掌放在右肩处，右拳放在右耳际（图 305）；③右脚先落地，左脚做偷步，两腿屈膝下蹲，成右歇步；右拳从耳际向右下方伸直栽击；目视右侧（图 306）。

图 304

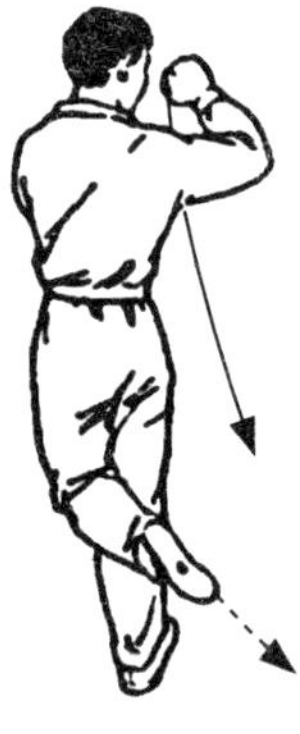

图 305

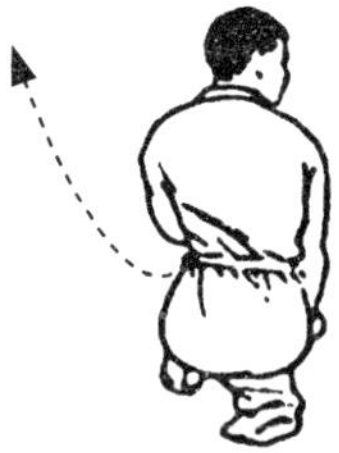

图 306

【要领】①当左拳变掌绕向右肩时（口令三），目光要随左掌移动，直到口令四左掌由右肩上举并向前下落时为止。②口令四的三个分解动作要连贯进行。③歇步栽拳时，臀部要落坐在左脚跟上，挺胸直腰，左肘贴拢胸腹。

【功效】主要发展肌肉的弹力。

30. 翻身劈拳

【口令】五

【动作】①左掌由右肩处下沉，经右膝向左反臂回环，同时两腿直立（图 307）；②两脚以前脚掌碾地，使上身从左向后翻转；左掌同时继续向上回环，右拳随身翻转仍在身右侧（图 308）；③右脚向东上步，身体左转，两腿屈膝成马步；左掌变拳收于左腰侧，右拳随右脚上步由右侧上举，做直拳向前劈砸；目视右拳方向（图 309）。

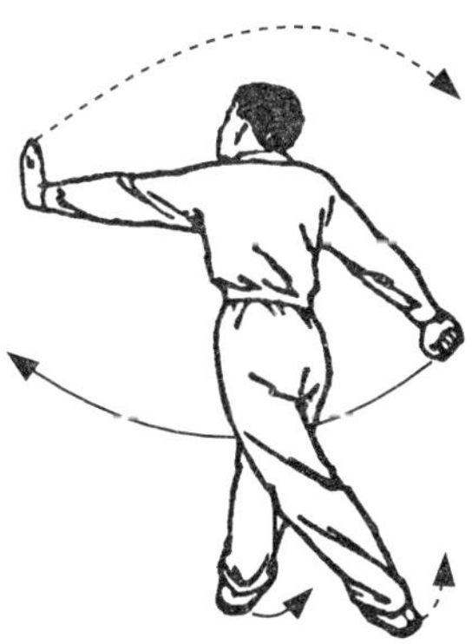

图 307

图 308

图 309

【要领】①翻身并不等于转身，因此两腿直立时，上身要向前倾，以身为轴，腰部翻滚，不要像向后转那样只是转而没有翻。②上述动作必须连贯起来做。

【功效】由于有翻身和直臂回环动作，所以能发展前锯肌、背阔肌、腹外斜肌，同时也能发展腿部肌肉。

31. 马步挑击

【口令】一

【动作】同第 27 式马步挑击（图 310）。

图 310

32. 马步捞击

【口令】二

【动作】同第 28 式马步捞击（图 311）。

图 311

33. 败势斜击

【口令】三

【动作】右腿直立，左腿屈膝提起；右拳不动，左拳变掌，随左腿提膝向下沉绕至右肩，成正立掌；目视左侧（图 312）

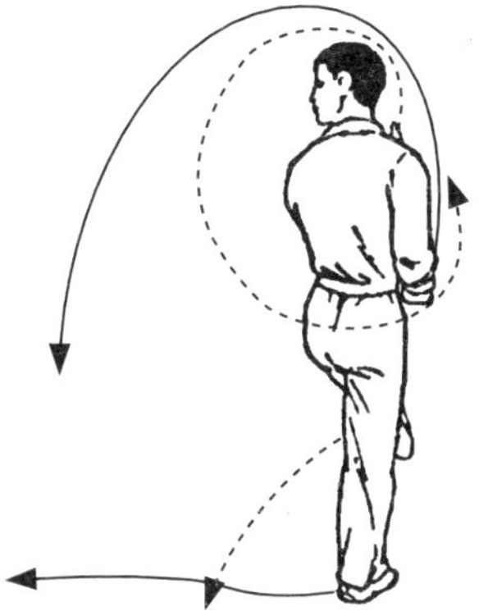

图 312

【口令】四

【动作】①左脚仍向左跨出一步，左腿屈膝；左掌由右肩上举向左下落，右拳由腰际斜伸于右腿侧旁；②右脚上步，身体左转；右拳上举向右砸下；③左腿屈膝，右腿挺直；右拳臂内旋，使拳眼朝下，反臂斜举于右腿上方，左掌收在右肩处；目视右侧（图 313）。

图 313

要领与功效和前述的第 17 式败势斜击相同。

34. 跳步击拳

【口令】五

【动作】①两腿立起，以右脚掌碾地，使上身右转，左腿屈膝提于身前；右臂屈肘上抬，左掌在身前迎拍右拳背（图 314）；②右脚蹬地跳起，左脚向前跃进落步，右腿屈膝提起；右拳变掌击拍右膝，左掌变拳举在头顶上面，拳心朝前（图 315）；③右脚向前跨一步，身体左转，两腿屈膝为骑马势，左拳臂外旋变仰拳，收于左腰侧，右掌变俯拳向右平击；目视右拳方向（图 316）。

图 314

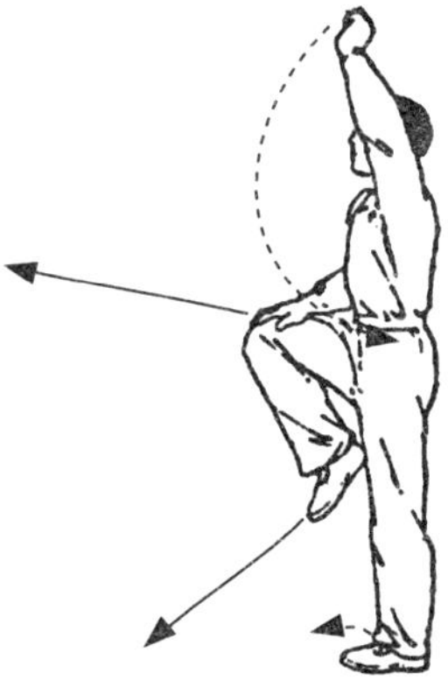

图 315

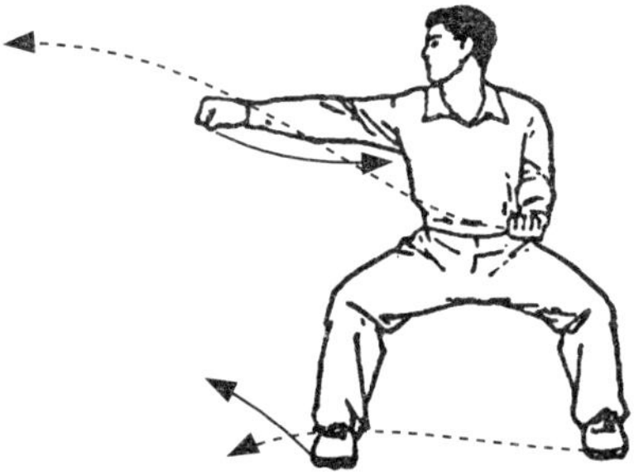

图 316

【要领】做跳步、击拍、击拳三个动作要迅速而连贯。

【功效】发展腿部肌肉和弹跳力。

35. 扣腿穿喉

【口令】一

【动作】①右拳变掌，右臂外旋，使掌心朝上，成为仰掌；左脚向右侧上一步，身体右转；左拳变仰掌，由腰际从右掌心上方向前穿出，掌心朝上；右掌收于左腋处；右腿屈膝，使脚背扣在左膝后面；目视左掌（图 317）。

图 317

36. 挑腕撩掌

【口令】二

【动作】①左腿屈膝下蹲，右腿立刻向右侧伸出平铺，成右仆步，上身右倾；右掌竖起，在左肩外侧为正立掌；左掌上举，从右上方落于右肩外侧，也为正立掌（图 318）；②左腿伸直，右腿屈膝，变为右势弓箭步；左掌从右肩外下沉，变为反钩手，向左后方伸出；右臂直臂向右上撩起，右掌向前挑腕成侧立掌；目视右掌方向（图 319）。

图 318

图 319

【功效】发展上肢的掌长肌、指浅屈肌、尺侧腕屈肌、桡侧腕屈肌、肱桡肌、三角肌和肱三头肌以及下肢的股直肌、股内肌、胫骨前肌和腓肠肌等。

37. 扣腿双穿喉

【口令】三

【动作】①右掌臂外旋，掌心朝上；左钩手也变仰掌，收至左腰侧；②左脚向前跨一步，身体右转；左掌由右掌心上方向前穿出，右掌收于左腋下；右脚扣于左膝后面；目视左掌；与前述的扣腿穿喉动作相同；③右掌从左腋向右侧穿出，两掌心皆朝上；目转视前方（图 320）。

图 320

38. 托掌冲拳

【口令】四

【动作】①右脚向右落步，两腿屈膝变成骑马势；左掌上举，由右侧屈肘落于右肩前，五指朝上，掌心朝右，成正立掌（图 321）；②右掌向上、向左、向下、向右绕环，屈肘托于头部上方，五指朝左；左掌变拳由右肩处向左平击，拳心朝下；目视左拳（图 322）。

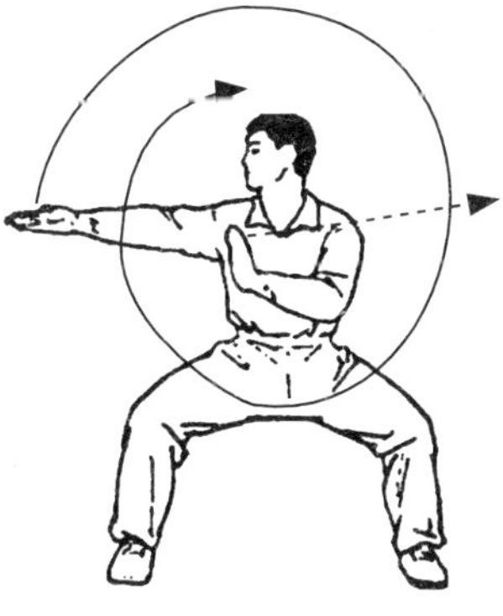

图 321

图 322

39. 立定收势

【口令】立定

【动作】左脚离地向右脚并拢，两腿直立，右脚以前脚掌碾地，使上身左转向东；左拳变掌与右掌同时垂在大腿两侧；目视前方（正东）（图 323）。

图 323

功力拳的内容，多数动作是单臂或双臂的回环，如左右弓步横击、分掌并步、抡臂上冲、左右三环套月、左右弓步双冲、托掌冲拳等，但对下肢的踢腿动作，仅有左右蹬脚，不像弹腿那样多。这个特点使它和弹腿共同承担了全面发展身体的基本任务，为进一步练习其他拳术或器械奠定了良好的基础。

第四节　短　打

一、短打拳动作名称

第一段

1. 预备姿势
2. 弓步撩掌
3. 提膝挑掌
4. 马步挎肘
5. 马步架打
6. 护头架打

7. 仆步单鞭
8. 提膝穿掌
9. 马步挎肘
10. 弓步冲拳（左）
11. 弓步冲拳（右）
12. 并步立定

第二段

13. 弓步撩掌
14. 弹踢
15. 马步挎肘
16. 弓步冲拳（左）
17. 弓步冲拳（右）
18. 弓步冲拳（左）
19. 弓步冲拳（右）
20. 并步立定

第三段

21. 搂膝推掌
22. 虚步推掌
23. 提膝托掌
24. 弓步撩掌
25. 踏步腾空飞脚
26. 并步立定

第四段

27. 三环套月
28. 提膝挎肘
29. 马步挎肘
30. 弓步冲拳（左）
31. 弓步冲拳（右）
32. 挑拳提膝
33. 跃步双扑
34. 弓步撩掌
35. 踏步腾空飞脚
36. 转身护胸掌
37. 提膝回环手
38. 弓步推掌
39. 并步钩手

第五段

40. 弓步架打
41. 踏步仆腿下击
42. 马步进肘
43. 马步托肘
44. 马步环肘
45. 并步垂拳
46. 马步劈拳

第六段

47. 弓步冲拳（左）
48. 弓步冲拳（右）
49. 弓步冲拳（左）
50. 回身冲拳
51. 提膝抄掌
52. 跳步提膝
53. 搂膝弓步冲拳
54. 虚步打虎势
55. 并步收势

二、短打拳动作图解

第一段

1. 预备姿势

(1) 跨虎

【口令】短打预备——一

【动作】①站好立正姿势（图 324），右臂自右侧向上屈肘举起，掌心朝上；左臂屈肘，左手放在腰前，掌心也朝上（图 325）；②右手经面前下落，同时左手经右手背向左上穿出，右手下落在左腋前（图 326）；③左手继续向左下方绕环，至身后斜举成反臂钩手；右手同时由左腋处下沉，向右上方抄掌，屈腕举在头顶上，掌心朝上；此时右腿屈膝下蹲，左腿向前伸出，以脚尖外侧点地，膝部微屈；目视左方（图 327）。

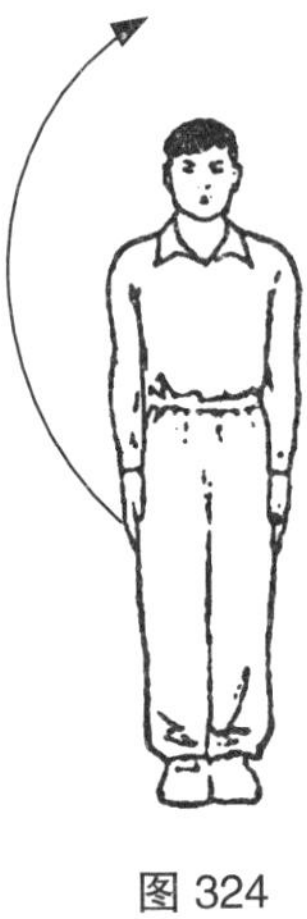

图 324

图 325

图 326

图 327

【要领】①这里的两臂动作是回环运动，所以上述的动作必须连贯进行。②身体的重心必须落在右腿上，左脚虚点地面；右手屈腕要稍用劲，左反钩手也要稍稍用劲屈腕，左臂尽量后举；要挺胸塌腰，不能因左臂的后举而驼背拱腰。③两眼在右手上举时，注视右手；在左手上穿时，注视左手；右手向右抄掌时，视线随右手绕环；在成跨虎姿势时，脸向左转，目视左方。

【功效】主要发展上肢的二头肌、三角肌、腕肌、背阔肌、胸大肌和下肢的臀大肌、股二头肌、缝匠肌、腓肠肌、胫骨前肌。

⑵ 并步双钩

【口令】短打预备——二

【动作】左脚向前跨进一步，右脚跟上与左脚并拢，两腿直立；左钩手不动，右掌在并步时，即由身前下降，并向身后屈腕反举，也成反钩手（图 328）。

图 328

【要领】要挺胸、收腹、塌腰，肩向外展，呼吸正常；两臂伸直，两腕用劲屈。

【功效】主要发展斜方肌、三角肌、肱三头肌、肱二头肌、桡侧腕屈肌、尺侧腕屈肌，并能帮助胸部扩展。

(3) 托掌

【口令】短打预备——三

【动作】两脚不动；右钩手变掌由身后向右上方直臂举在头顶上，屈腕托掌，掌心朝上；左钩手变掌由身后向左、屈肘经面前收在右腋处，翘腕直立，成正立掌，五指朝上，掌心朝右（图329）。

【要领】右掌上托时，必须抖腕；左肘要贴靠胸前；目仍视左方。

图 329

2. 弓步撩掌

【口令】短打第一段——一

【动作】①右腿屈膝全蹲，左腿向左伸出，成左仆步，脚尖向里扣；右掌由上向左肩外侧下落，翘腕成正立掌；此时两臂在胸前交叉，右手落在左臂外面（图 330）；②右腿伸直，右脚脚尖里扣；左脚以脚跟碾地，使脚尖转向左方，左腿屈膝为左势弓箭步；右掌从左肩外侧下沉，向右后方反臂斜举为反钩手；左掌自右腋下外旋变掌心朝上，向左前方挑腕撩掌，成为侧立掌（图 331）。

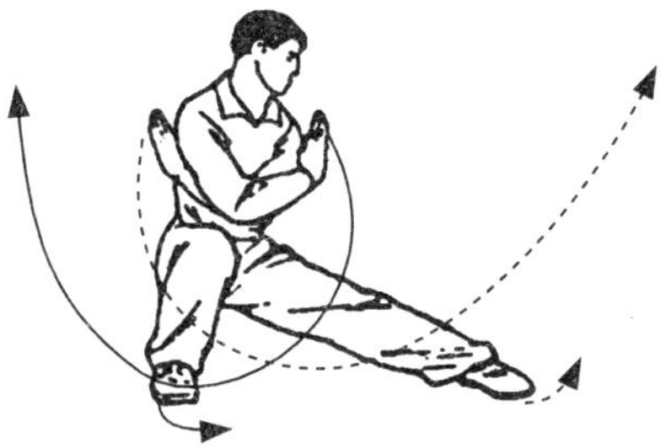

图 330

图 331

【要领】在仆步时，上身要向前略倾，不可拱背撅臀。在弓步时，身体重心落在两腿之间，不要偏向左侧。

【功效】发展上肢的三头肌、三角肌、桡侧腕伸长肌和下肢的股直肌、胫骨前肌、腓骨长肌、比目鱼肌以及臀大肌、阔筋膜张肌、腰背筋膜肌、腹外斜肌和背阔肌等。

3. 提膝挑掌

【口令】二

【动作】①上身向前俯；左掌臂内旋，使拇指朝下成反掌，并向左横扫；头也转向左侧，目视左掌（图 332）；②左掌向右直臂挑腕撩起，成侧立掌平举；上身也右转，面向正南方，右脚以前脚掌碾地，帮助身体右转，左腿同时离地向身前屈膝提起，左脚脚面绷平，脚尖朝下；右钩手不动（图 333）。

图 332

图 333

【要领】①上述两个动作要连贯进行，不要停顿。②提膝时，右脚除用脚掌碾地使脚跟转向正后方外，不可挪动；提膝后，左膝要尽量上提，脚面绷平。③在单腿独立平衡时，不要摇摆不稳。

4. 马步挎肘

【口令】三

【动作】①左脚向左落步，左掌变反掌由身前向左下方横扫，身体左转（图 334）；②右脚向前跨步，上身再向左转面向北方，两腿屈膝为骑马势；左掌变拳在右脚跨步时，屈肘收于左腰侧；右钩手变拳，由身后向身前屈肘上冲，拳心向脸部，像挎东西那样；目视右方（图 335）。

图 334

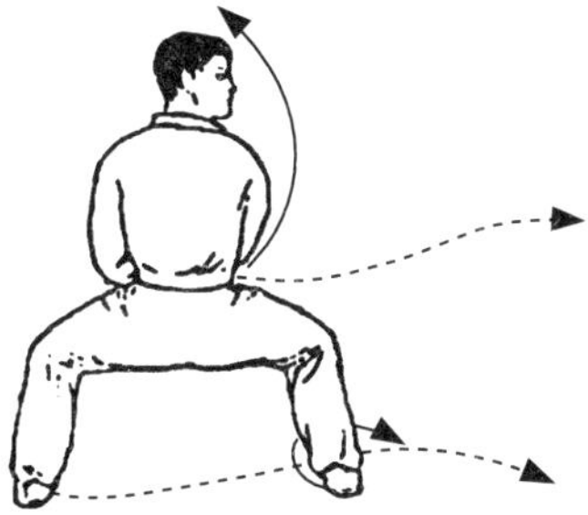

图 335

【要领】①以上两个动作要连贯进行，不要停顿。②骑马势时的两膝要外展，脚尖要里扣，以免形成八字脚；胸要挺，腹要收，腰要塌，免得凸肚撅臀；不要只以胸部呼吸。

【功效】主要发展卜肢的肌腱。

5. 马步架打

【口令】四

【动作】右脚以前脚掌碾地，左脚向右侧上一步，身体向右后转，又面对正南方，两腿屈膝为马步；右拳在左脚上步时，使前臂内旋，并屈肘横架头上；左拳在马步形成后由腰际向左侧平击，成俯拳；目视左拳方向（图 336）。

【要领】右肘要向后展，以扩展胸部。

【功效】除能发展下肢肌肉外，还能发展背阔肌、斜方肌、菱形肌、肩胛提肌。

图 336

6. 护头架打

【口令】五

【动作】①右拳从头顶下落，收在右腰侧（图 337）；②右脚以前脚掌碾地，使脚跟外转，膝部挺直；左脚以脚跟碾地，使脚尖外展，膝部弯曲，变成左势弓箭步，上身左转；左拳变掌，屈肘上举护头；③右拳由腰际向前平击，成俯拳；目视右拳（图 338）。

图 337

图 338

【要领】①上述②、③两个动作要连贯进行。②弓步护头架打，腰要向左略拧，右肩前送使右拳尽量前伸，但不能因拧腰和送肩而使后脚拔跟或移动，甚至使步势变高。

【功效】发展胸大肌、前锯肌、腹外斜肌、背阔肌和下肢肌肉。

7. 仆步单鞭

【口令】一

【动作】①左掌由头顶下落拍击右拳背；②右拳变掌与左掌一起向下、向内、向上屈腕绕转，使掌心翻向上面（图 339）；③左腿伸直，右腿屈膝，成左仆步，上身右转；右掌由前向下、向后、向上绕环，屈肘横于头顶上，掌心向上；左掌由前上举，向身后下沉成反钩手，五指撮拢；目视左方（图 340）。

图 339

图 340

【要领】横掌、钩手、仆腿三个动作要同时进行，视线随右掌移动，至形成仆腿单鞭姿势时，目视左侧。左钩手斜举身后要尽量向上，右掌腕部要尽量屈，上身略向左倾，胸要挺。

【功效】主要锻炼腹外斜肌、背阔肌、肱三头肌、肱二头肌、肱桡肌、指浅屈肌、尺侧腕屈肌等，投入仆步工作的下肢肌肉也会得到锻炼。

8. 提膝穿掌

【口令】二

【动作】右腿伸直立起，左腿屈膝提起，左脚脚面绷平，脚尖朝下；左钩手变掌，左臂屈肘由身后从右前臂上穿向身前，屈腕立掌推出；右掌向前落下，当左掌穿过时，向身后反臂举起，成反钩手；目视左前方（图 341）。

【要领】穿掌、钩手、提膝三个动作要同时进行。

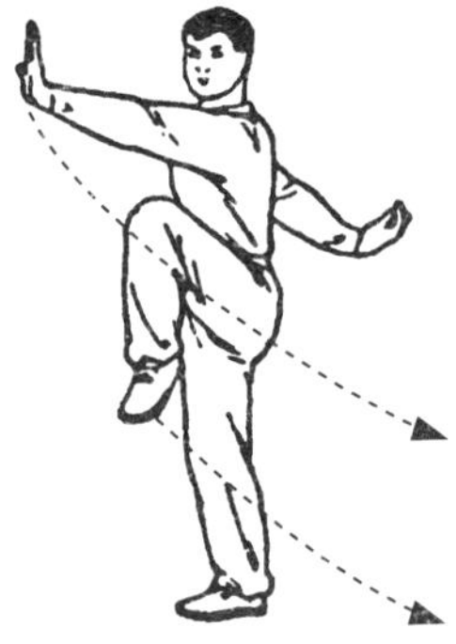

图 341

9. 马步挎肘

【口令】三

【动作】与前述的由提膝挑掌进入马步挎肘的动作完全相同（图 342、图 343）。

图 342

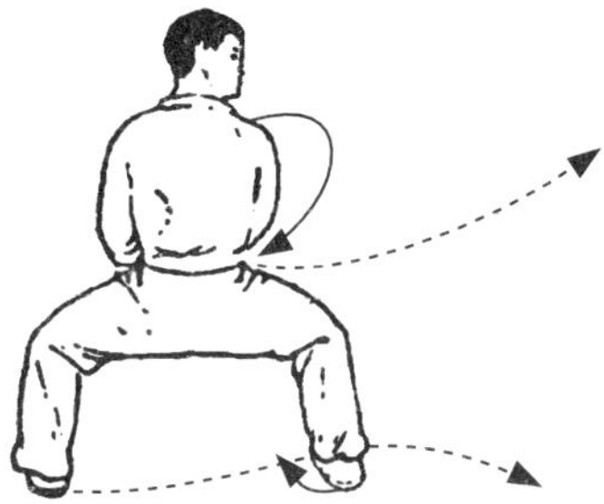

图 343

10. 弓步冲拳（左）

【口令】四

【动作】右脚前脚掌碾地，使上身右转，左脚前进一步，左腿屈膝，成为左势弓箭步；右拳在转身时随右臂屈肘收于右腰侧；左拳在形成弓箭步时，由腰际向前平击，成俯拳；目视左拳（图 344）。

【要领】冲拳时，肩要前送，以助长冲力及冲距；右拳要贴紧腰际，肩部微向身后牵扯而不要上耸。

【功效】主要锻炼拳臂的冲击力量。

图 344

11. 弓步冲拳（右）

【口令】五

【动作】右脚向前进一步，右腿屈膝，左腿伸直，成右势弓箭步，身体左转；左拳收至左腰侧；右拳从腰际向前平击，成俯拳；目视右拳（图345）。

【要领】同上。

图345

12. 并步立定

【口令】立定

【动作】右脚前脚掌碾地，使上身左转，右腿直立，左脚向右脚并拢；左拳变掌，与右拳做弹腿那样的立定动作（图346）。

图346

第二段

13. 弓步撩掌

【口令】短打第二段——一

【动作】①右腿屈膝下蹲，左腿向左平铺伸出；右拳变掌由右侧上举，形成立掌落于左肩外侧（图 347）；②右腿伸直，左腿屈膝，上身左转，成左势弓箭步；左掌向前直臂挑腕撩起，成侧立掌，右掌向身后反臂斜举成反钩手；目视左掌（图 348）。

要领和功效与第一段口令一相同。

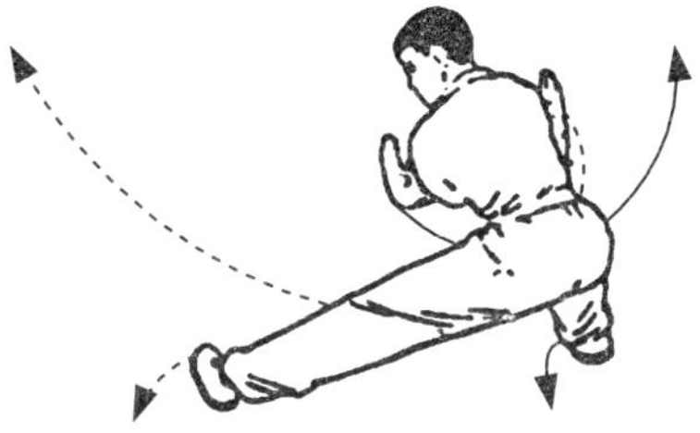

图 347

图 348

14. 弹踢

图 349

【口令】二

【动作】右脚向前用力弹踢（图 349）。

【要领】右脚踢出时，要用力，五趾抓紧，脚面绷平，高度以不超过左膝为适宜，左腿仍屈膝，上身略向前倾。

【功效】主要发展股二头肌、股直肌、腓骨长肌、腓肠肌、趾长屈肌和䠂长屈肌等。

15. 马步挎肘

【口令】三

【动作】右脚落步，左脚前脚掌碾地，使上身左转，两腿屈膝成骑马势；左掌变拳收至左腰际，右钩手变拳由下向上挎肘；眼视右侧（图 350）。

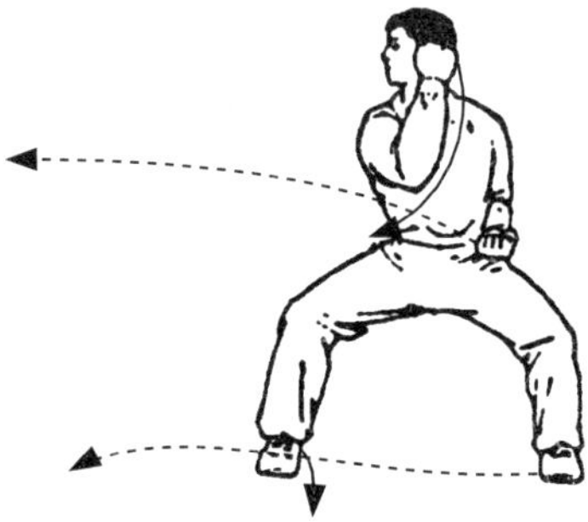
图 350

要领和功效与第一段的马步挎肘相同。

16. 弓步冲拳（左）

【口令】一

【动作】左脚向右上一步，左腿屈膝，右腿挺直，成左势弓箭步；身体右转；右拳收至右腰侧；左拳向前平击，成俯拳；目视左拳（图351）。

要领和功效与第一段的弓步冲拳（左）相同。

17. 弓步冲拳（右）

【口令】二

【动作】右脚向前上一步，身体左转，成右势弓箭步；左拳收回，右拳冲出（图352）。

要领和功效与第一段的弓步冲拳（右）相同。

图351

图352

18. 弓步冲拳（左）

【口令】三

【动作】左脚向前上一步，身体右转，成左势弓箭步；右拳收回，左拳冲出（图353）。

图353

19. 弓步冲拳（右）

【口令】四

【动作】右脚向前上一步，身体左转，成右势弓箭步；左拳收回，右拳冲出；目视右拳（图354）。

图354

20. 并步立定

【口令】立定

【动作】和第一段的并步立定相同，可按图354的虚线和实线的方向进行（图355）。

图355

第三段

21. 搂膝推掌

【口令】短打第三段——一

【动作】①右腿屈膝下蹲，左腿挺直向左侧平铺伸出，成左仆腿势；右拳收至右腰侧；左掌拇指朝下，成反掌，在左腿伸出时，由右肩处向前、向左经过左膝前横搂，上身向左倾（图356）；②左掌继续横搂，随左臂屈肘收在左腰侧；此时右腿挺直，左腿屈膝，成左势弓箭步；右拳变掌，由腰际向前推出，掌心向左，成侧立掌；目视右掌（图 357）。

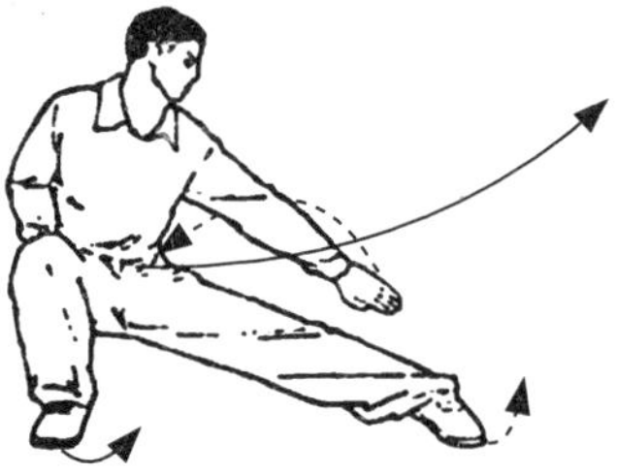

图 356

图 357

【要领】 弓步时，前推之掌五指朝上，腰际之掌五指朝下。

【功效】 主要发展股直肌、腓骨长肌、胫骨前肌、髂腰肌、阔筋膜张肌、肱二头肌和腹外斜肌。

22. 虚步推掌

【口令】 二

【动作】 右腿屈膝半蹲，左脚向后收回半步，脚尖点地，左腿略屈膝，成左虚步；右掌向后收至右腰侧，变正倒掌；左掌由腰际向前推出，成侧立掌；目视左掌（图 358）。

图 358

【要领】 ①屈腿、收步、推掌、收掌四个动作必须同时进行。②虚步时，身体重心落在右腿上，左脚尖虚点地面，右掌五指并拢朝下，左掌五指并拢朝上。③弓步变虚步时，右腿只是屈膝，右脚不要前移。

【功效】主要发展臀大肌、股二头肌、缝匠肌、胫骨前肌、腓肠肌、桡侧腕长伸肌和指总伸肌。

23. 提膝托掌

【口令】三

【动作】右腿立直，左腿屈膝提在右腿前面；左掌向裆前下沉做护裆状；右掌向右、向上伸起，掌心向上，横在头顶上；目视左方（图 359）。

【要领】①提膝和两掌动作必须同时进行。②左掌护裆，腕部仍屈，右掌在头顶成横掌，右肘略屈。③左脚面要绷直，脚尖下垂，膝尽量向上提。

【功效】发展前锯肌、三角肌和腕肌等。

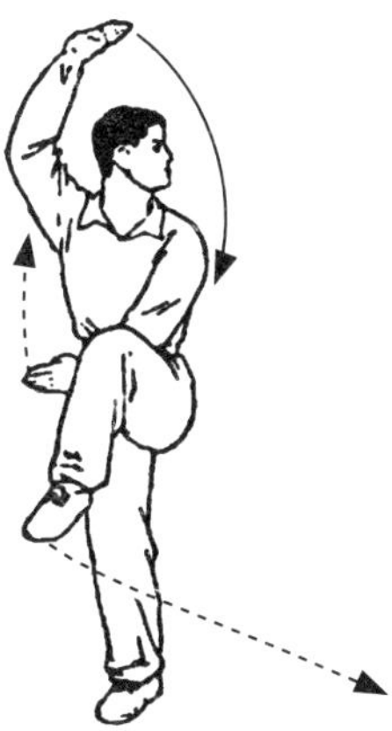

图 359

24. 弓步撩掌

【口令】四

【动作】①右腿屈膝下蹲，左脚向左伸出，左腿平铺；左掌收至右腋外侧，右掌落至左肩外侧，两臂在胸前交叉（图 360）；②两腿变左势弓箭步；右掌变钩手，向身后反臂举起；左掌向身前挑腕撩起，成侧立掌；目视左掌（图 361）。

要领和功效同前述的弓步撩掌。

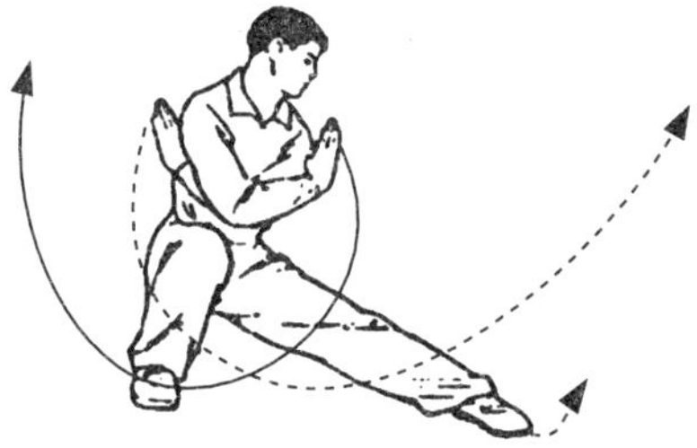

图 360

图 361

25. 踏步腾空飞脚

【口令】五

【动作】①左脚不动，右脚前移，右腿屈膝提起（图 362）；②右脚在左脚侧跺脚踏步（图 363），左脚在右脚踏步时向前跨一步（图 364）；③右脚向前跨一步（图 365）；④左脚向前摆起，右

图 362

图 363

脚蹬地跃起腾空；右钩手变拳向前举起，左掌拍击右拳拳背（图366）；⑤在空中，右脚向前飞踢；右拳变掌迎击右脚脚面；左掌变钩手，伸向左侧斜后方，五指朝下，成正钩手；目视拍脚前方（图367）。

图 364

图 365

图 366

图 367

【要领】 动作要快、高、响。

【功效】 主要锻炼速率、弹性及飞踢的力量，提高神经中枢与肌肉活动之间的协调能力。

26. 并步立定

【口令】立定

【动作】①先左脚落地，左腿略屈膝；后右脚落地，伸在左脚前面；左钩手不动，右手前伸，掌心向下（图 368）；②左脚向右脚并步，左钩手变掌，右掌变拳，做立定动作；目视右拳（图 369）。

图 368

图 369

第四段

27. 三环套月

【口令】短打第四段——一

【动作】①左脚向左侧出步；左掌变拳由右肩处上举，并向左劈下，上身随之左转（图 370）；②右脚向前跨一步，上身在上步时继续左转；左拳下沉后举，右拳向前砸下（图 371）；③左拳继续上举，左臂内旋屈肘使拳眼向后上方；右拳继续下沉，随右臂向胸前屈肘挎起（图 372）；④右拳向前冲出，左拳向后冲出，拳眼均向上；目视右拳（图 373）。此动作与功力拳之三环套月相同，但两拳的拳眼均朝上。

图 370

图 371

图 372

图 373

【要领】两拳回环时，肩关节必须放松。

【功效】主要锻炼肩关节的滑润与灵活性。

28. 提膝挎肘

【口令】二

【动作】右拳收至右腰侧；右腿伸直立起，左腿屈膝提在身前；左拳在身前挎起上冲，左臂胸前屈肘；目视左方（图 374）。

图 374

【要领】①上述动作要同时进行。②提膝要高，右肘要向后拢，左拳拳心向面部。

【功效】同前述的挎肘和提膝等动作。

29. 马步挎肘

【口令】三

【动作】①左脚向左侧落步，两腿稍做屈膝，上身略向左转；左拳变反掌，由身前向左下方横扫（图 375）；②右脚向前跨一步，上身继续左转，两腿屈膝成骑马势；左掌仍变拳，在右脚跨步时收

于左腰侧；右拳在变为骑马势时向身前屈肘上冲，拳心朝向面部；目视右方（图 376）

要领和功效同前述的马步挎肘。

图 375

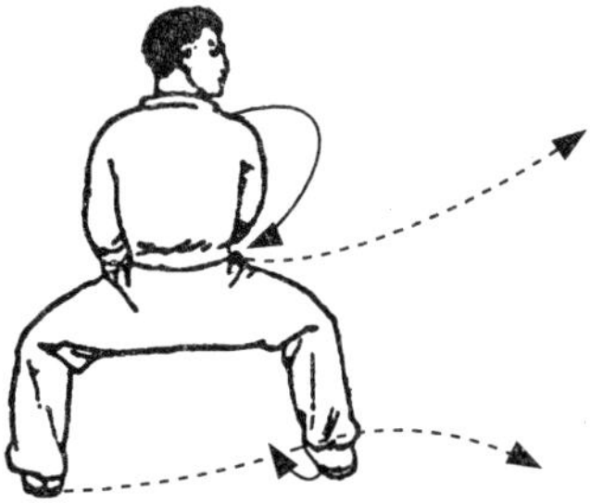

图 376

30. 弓步冲拳（左）

【口令】四

【动作】右脚前脚掌碾地，使上身右转，左脚向前上一步，左腿屈膝，右腿伸直，成左势弓箭步；右拳在转身时收至右腰侧；左拳在上步时向前平击，成为俯拳；目视左拳（图 377）。

要领和功效同前述的弓步冲拳。

图 377

31. 弓步冲拳（右）

【口令】五

【动作】右脚上步，身体左转，右腿屈膝，左腿伸直，成右势弓箭步；左拳收至左腰侧；右拳在上步时从腰际向前平击，成俯拳；目视右拳（图 378）。

图 378

32. 挑拳提膝

【口令】一

【动作】①右脚前脚掌碾地，使上身左转，右腿屈膝下蹲，左腿下铺；右拳不变，左拳由腰际伸向左脚尖，拳心向下；上身向左侧倾斜（图 379）；②右腿伸直，左腿屈膝，变成左势弓箭步；左拳由前上举，拳眼朝后；右拳经下前伸至左脚侧旁，拳眼向前；上身前俯（图 380）；③上身直起，左拳向后回环，至后下方时，随左臂屈肘收在左腰侧；左脚蹬地，左腿屈膝提起，成提膝独立；右拳上举，拳眼向后；目视前方（图 381）。

图 379

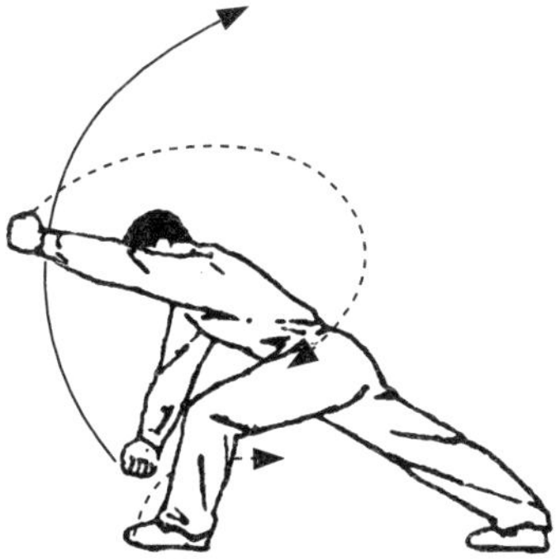

图 380

图 381

【要领】三部分解动作要连贯进行，提膝独立时，右脚不可移动。

【功效】主要锻炼平衡器官。

33. 跃步双扑

【口令】二

【动作】①左脚向前落步，右脚离地；左拳变掌由腰际向后下方伸直；右拳也变掌，向前、向下、向后绕环，至后下方伸直，两掌掌心相对（图 382）；②左脚蹬地跳起，右脚趁势向前跃出；在空中，两掌由两侧上举，身向右转（图 383）；③右脚先落地，左脚随后向左落地，右腿屈膝，左腿平铺伸直，成左仆步势；两掌由上向身前落下扑地；目视两掌（图 384）。

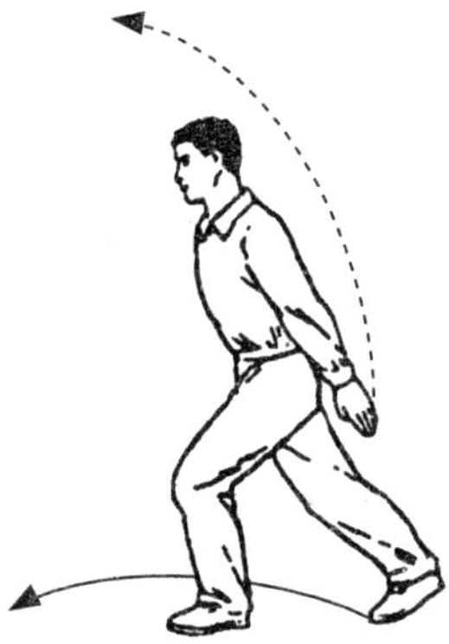

图 382

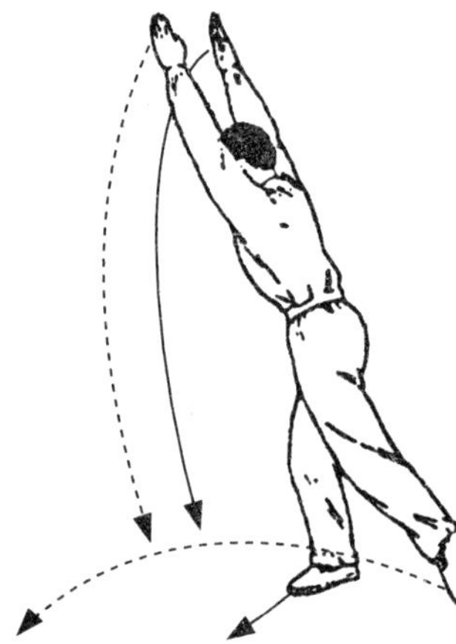

图 383

图 384

【要领】前跃要远，肩要放松，跃时上身要前冲。

【功效】锻炼弹跳力及活动肩关节。

34. 弓步撩掌

【口令】三

【动作】右腿挺直，左腿屈膝，成左势弓箭步；右掌变钩手向后反臂斜举，左掌向前挑腕撩起；目视左掌（图 385）。

35. 踏步腾空飞脚

【口令】四

【动作】同前述的踏步飞脚（图 386）。

图 385

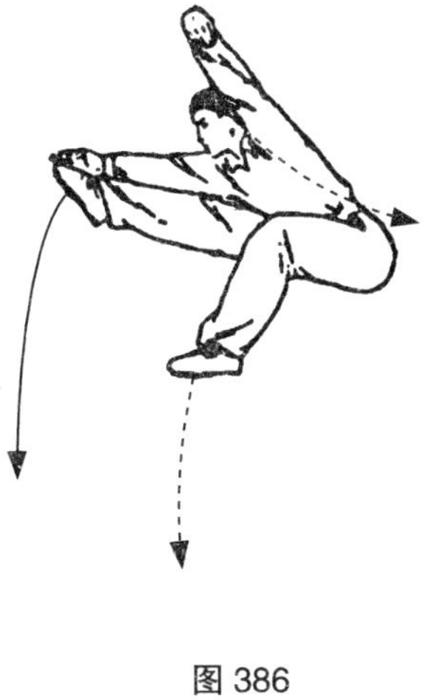

图 386

36. 转身护胸掌

【口令】五

【动作】踏步飞脚落地时，依照图 387，以左脚前脚掌为轴，从左向后转，两腿屈膝成骑马势；右掌随身转动，在马步形成时，随右臂屈肘成环形护于脸前；左钩手在转身后也变掌，随左臂屈肘成环形护于胸前，两掌掌心均向外，拇指朝下；目视前方（图388）。

图 387

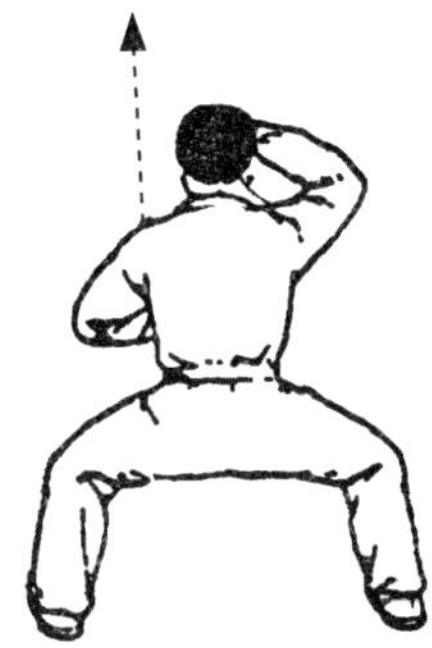

图 388

【要领】转身时右脚要主动向左后方转、跨，以协助上身的左后转。

【功效】能够锻炼前庭器官，以便保持在旋转时身体的稳定性。

37. 提膝回环手

【口令】一

【动作】①左掌臂外旋使掌心向内，从右掌里面朝上直臂穿举；右掌臂外旋屈肘向下收在左腋处，右肘贴靠胸腹（图 389）；②左掌臂内旋向左、向下回环，变反钩手斜举于身后；右掌向下、向右、向上回环，屈腕横举于头顶上，掌心向上；右腿直立；左腿屈膝提起，脚尖朝下，脚面绷平；目视左方（图 390）。

【要领】左掌上穿时，目光注视左掌；左掌变掌心向左回环时改视右掌，并随右掌移动，右掌在头上横架时，目视左侧。

【功效】主要锻炼肩关节和胸锁乳突肌。

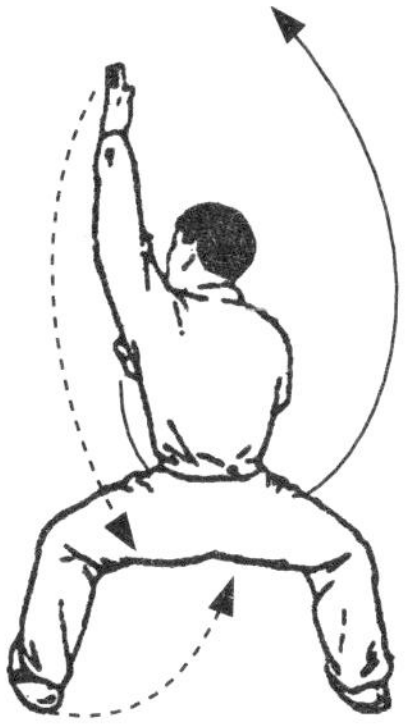

图 389

图 390

38. 弓步推掌

【口令】二

【动作】①左脚向左落步，左腿屈膝，变成左势弓箭步，上身左转；右掌向前落下，成立掌平举于胸前；左钩手变掌，收于左腰侧（图 391）；②左掌从右手背上向前推出，变成立掌；右掌收于右腰侧，成正倒掌；目视左掌（图 392）。

图 391

图 392

39. 并步钩手

【口令】三

【动作】左脚前脚掌碾地，使上身从左向后转向正面，右脚离地，在转身后向左脚并拢；同时右掌从左手背上穿出，变正钩手，钩尖向下，平举右侧；左掌在右掌穿出时，随左臂屈肘收于右腋下，和立定姿势相同，但右手是钩手；目视右方（图 393）。

图 393

第五段

40. 弓步架打

【口令】短打第五段——一

【动作】①右腿屈膝下蹲，左腿向左平铺伸出；右钩手变拳，随右臂屈肘收在右腰侧；左掌翘腕横掌，向左下方伸出（图 394）；

②右腿挺直，左腿屈膝，变为左势弓箭步，上身左转；左掌向上举起护头；右拳由腰际向前平击，成俯拳；目视右拳（图395）。

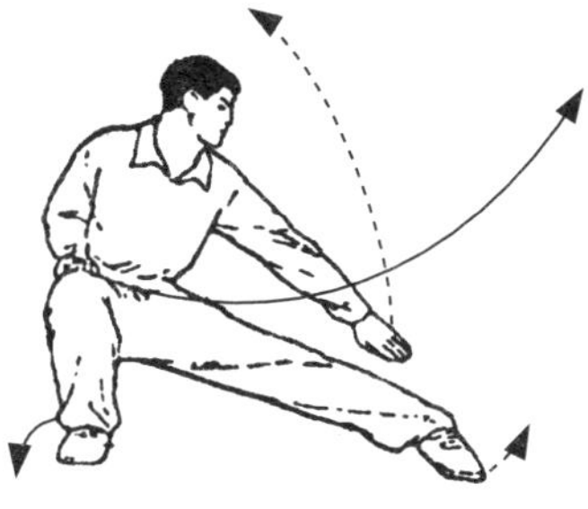

图394

图395

【要领】腰要塌，胸要挺，右肩向前送，左肩向后牵，后脚不要拔跟，身体姿势不要变高。

【功效】主要发展股直肌、股内肌、股外肌、胫骨前肌、腓骨长肌、比目鱼肌、腹外斜肌和背阔肌等。

41. 踏步仆腿下击

【口令】二

【动作】①右腿屈膝，提在左腿内侧，左腿膝部的弯度加大；左掌从身前下落拍击右拳（图396）；②右脚在左脚旁用力跺脚踏步，右腿屈膝下蹲；左腿向前平铺伸出，成左仆步，上身右转；右拳收至右腰侧；左掌变拳向左脚处击出，拳心向下；目视左拳（图397）。

图 396

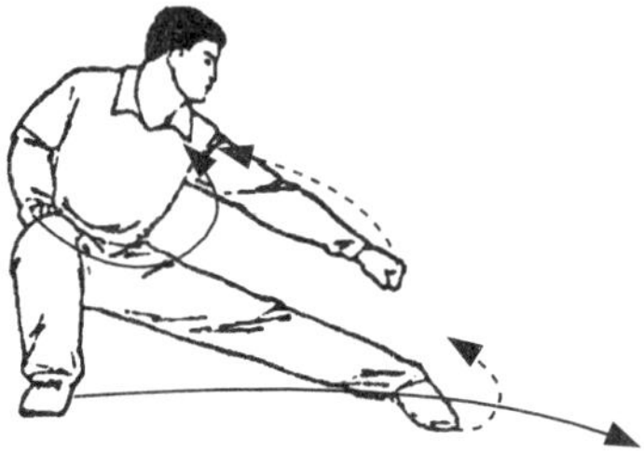

图 397

【要领】①踏步、铺腿、收拳、击拳等动作要同时进行。②仆步时，上身要向前探。

【功效】主要发展肱二头肌、肱三头肌、背阔肌、胫骨前肌、腓骨诸肌、股薄肌和股二头肌。

42. 马步进肘

【口令】三

【动作】两腿立直，右脚向左跨一步，上身从左向后转，两腿屈膝，成骑马势；右肘随转身向前击打；左拳变掌，在身前迎阻右肘（图 398、图 398 附图）

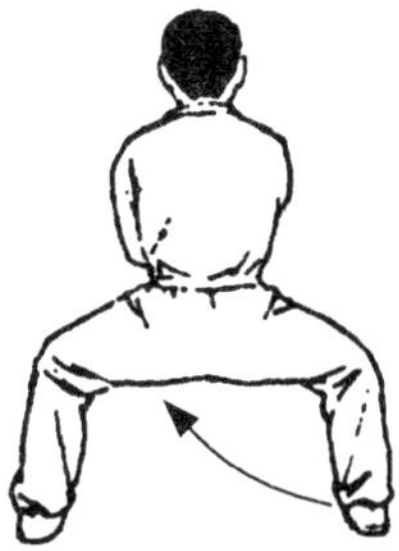

图 398

图 398 附图

【要领】右肘击打要用力，左掌迎阻只是被右肘击打而不是去打右肘。

43. 马步托肘

【口令】一

【动作】①右脚离地提起（图 399）；②左脚蹬地跳起，上身从右向后转，右脚在转身后落于左脚的原位；③左脚在右脚落地后即落在右脚的原位，两腿屈膝成骑马势；④右肘伸直，使右拳从胸间向上、向前，以拳背朝下压击；左掌掌心向上托住右肘；目视右拳（图 400）。

图 399

图 400

【要领】跳起、转身、马步、压拳几个动作必须同时进行。右拳的高度不要高过鼻端。

【功效】锻炼前庭器官和跳转时保持身体的平衡。

44. 马步环肘

图 401

【口令】二

【动作】右臂屈肘内收，右拳向上、向内由左前臂下面穿出，向前平击，拳心向下；左掌五指向上，附在右上臂内侧；目视右拳（图 401）。

【要领】这是肘关节的绕环动作，必须顺畅迅速地完成。

【功效】锻炼肘关节的屈伸和旋转，加强环状韧带、内外侧副韧带及关节囊的坚韧性。

图 402

45. 并步垂拳

【口令】三

【动作】左脚向右脚并拢，两腿伸直；右拳向右后下方斜垂，拳眼向下，成反拳；左掌收于右肩处，成正立掌；目视左方（图 402）。

46. 马步劈拳

【口令】四

【动作】①左脚向左跨出一步，左腿屈膝；左掌变拳，由上向前劈去，上身左转（图 403）；②右脚向前跨出一步，上身左转向后；右拳在右脚上步时由上向前劈下，拳眼向上；左拳收至左腰侧；两腿屈膝成骑马势；目视右拳（图 404）。

图 403

图 404

【要领】①上述两个动作要连贯进行。②马步时的右拳要与肩平，左肩向后牵引，挺胸，收腹，塌腰，气不上浮。

【功效】帮助扩胸。

第六段

47. 弓步冲拳（左）

【口令】短打第六段——一

【动作】右脚前脚掌碾地，使脚跟外展，右腿伸直，上身左转，同时左脚以脚跟碾地，使脚尖外展，左腿仍屈膝，成左势弓箭步；右拳随上身左转向上、向左绕环，收至右腰侧；左拳从腰际向前平击；目视左拳（图 405）。

图 405

要领和功效同前述的弓步冲拳。

48. 弓步冲拳（右）

【口令】二

【动作】右脚向前进一步，右腿屈膝，左腿伸直，变成右势弓箭步，身体左转；左拳收至腰侧，右拳向前平击；目视右拳（图406）。

图 406

49. 弓步冲拳（左）

【口令】三

【动作】左脚向前进一步，左腿屈膝，右腿伸直，变成左势弓箭步，身体右转；右拳收至腰侧，左拳击出（图407）。

图407

50. 回身冲拳

【冂令】四

【动作】先以右脚前脚掌碾地，使脚跟转向左方，上身向右转，左脚也以前脚掌碾地，使脚跟转向左后斜方，左腿用力蹬直，右腿屈膝，成右势弓箭步；左拳不动，右拳在左腿蹬直时向右平击，两拳拳心均向下；目视右拳（图408）。

图408

【要领】蹬腿与冲拳必须同时用力进行。

【功效】主要发展上下肢的肌肉群。

51. 提膝抄掌

【口令】一

【动作】左腿直立，右腿屈膝提在身前；左拳不动，右拳变掌，在右腿提膝时，挽臂使手指向左，由下向裆前抄起，掌心向下；目视右方（图 409）。

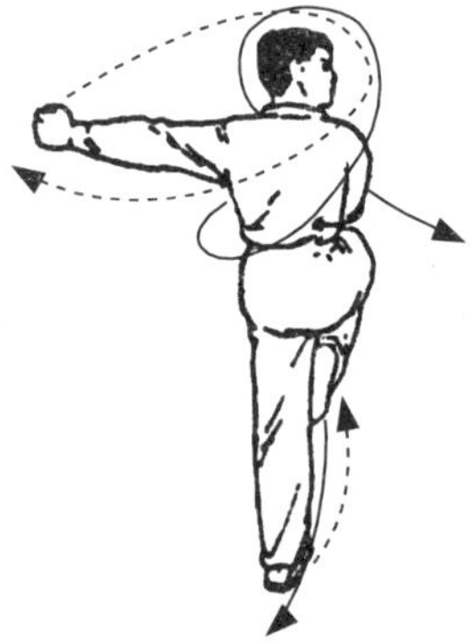

图 409

52. 跳步提膝

【口令】二

【动作】左脚蹬地跳起，上身由右向后转，右脚在转身后，落在左脚的原位，左腿在跳起转身后屈膝提于右腿前；右掌在转身时由裆前向上举，在右脚落地时向前、向下、向后绕环，反臂斜举，成反钩手；左拳变掌上举，接着落于身前，翘腕成侧立掌（图 410）。

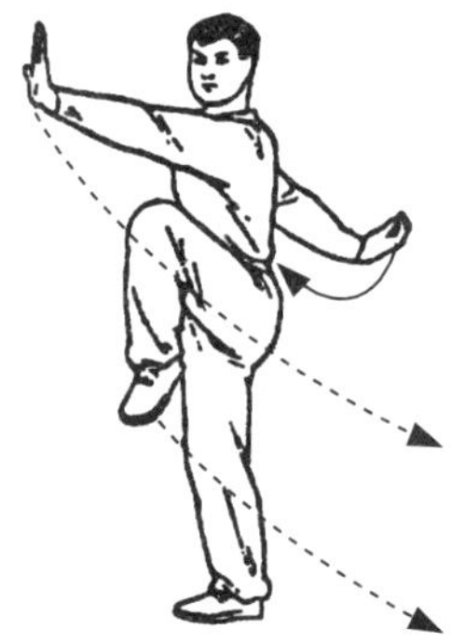

图 410

【要领】提膝抄掌和跳步提膝两个动作要连贯进行，这样才容易做跳步转身。

【功效】锻炼平衡器官。

53. 搂膝弓步冲拳

【口令】三

【动作】①右腿屈膝下蹲，左腿向左平铺伸出，成左仆步；右钩手变拳，收于右腰侧；左掌臂内旋，使拇指朝下，在仆步时由身前向左下方反掌横搂，上身左倾（图 411）；②左掌向外搂去，变拳收于左腰侧；此时右腿立刻蹬直，左腿屈膝，变为左势弓箭步；右拳由腰际向前平击；目视右拳（图 412）。

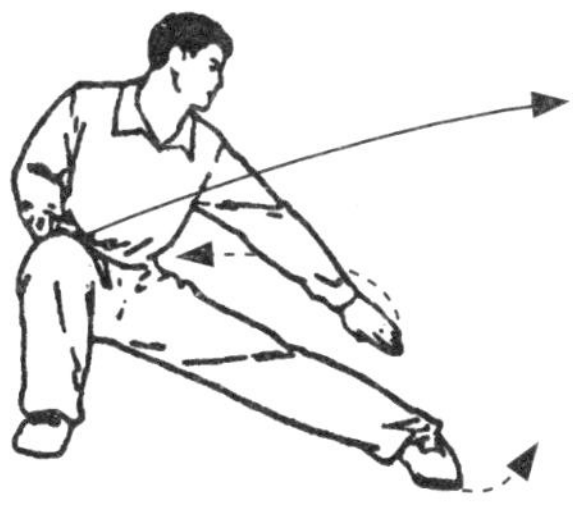

图 411

图 412

【要领】上述动作必须一致行动，冲击之拳要用力。

【功效】主要锻炼股直肌、胫骨前肌、腓骨长肌、肱二头肌、肱三头肌、肱桡肌等。

54. 虚步打虎势

【口令】四

【动作】①左拳拳心向上、从右拳拳背上向前穿出，穿出后左臂内旋使拳眼向上；右拳拳心向下，收至左腋下（图 413）；②左腿稍直，上身向右移；右拳向下、向右、向上回环，屈肘横架在头顶上；左拳继续臂内旋，使拳眼向下；③右腿屈膝半蹲，左脚向右收回半步以脚尖点地，成左虚步；左臂屈肘，左拳搁在左膝上；目视左方（图 414）。

图 413

图 414

【要领】上述动作必须同时进行。

【功效】同前述的虚步动作。

55. 并步收势

【口令】并步收拳

【动作】左脚向右脚靠拢，两腿直立；两拳变掌，垂在两腿外侧；目视前方（图 415）。

图 415

短打拳的内容比弹腿、功力增加了踏步走及击响等动作，这给练习者提供了学习和掌握初级步法、加快速度和训练空中动作的机会。短打拳已具有拳术的起伏转折、窜蹦跳跃的特色，它在练习过程中，对华拳类型的拳术运动特点有着初步的指导作用。中国武术的套路运动形式，大多是取材于技击特点与技击规律的，因此，它含有技击的意味，短打、功力和弹腿也不例外，它们除了单人练习外，也可进行两人对打练习，但这是基本训练以后的事情，这里就不再叙述了。

第四章　基本技法

武术运动的技法，由于拳种的不同，套路体裁的不同，各有着不同的要求。这里是一般的最基本的技法，概括为“四击”“八法”“十二型”，总称为“二十四要”。

第一节　四　击

“四击”，就是武术中的踢、打、摔、拿四种技击法则。凡是含有技击动作组成部分的武术运动，在技击内容方面都是离不开这四种技击法则的范畴的。这四种法则各有各的运动规律以及内容与方法。像踢的法则有蹬、踹、分、摆、弹、缠、扫、挂等许多种不同的运动内容；打的法则有冲、撞、挤、靠、崩、劈、挑、砸、撑、扠、搂、拦、采、挒、勾、抄等；摔也有掤、巩、揣、滑、倒、爬、拿、捋、捣、勾等；拿也有刁、拿、锁、扣、封、闭、错、截等。这些内容都有它们规定的运动方法。例如：踢法中的蹬、踹、铲，都是屈伸性的腿法。然而，蹬的运动方法规定是脚尖朝上、脚心朝前，力点在脚跟；踹的运动方法规定是脚尖横向、脚心朝前，力点在脚心；铲的运动方法规定是脚尖横向、脚心朝下，力点在脚外侧的边缘部。不允许蹬踹不分，方法不明，模糊不清。

中国的武术运动，对技击的运动规律要求非常严格。比如：武术器械运动中的单刀，依据它的运动规律，可以做一个“缠头裹脑”的动作，或者做一个“捋背缠腰”的动作，允许它从背部来回运动。但是在剑的运动里面，就不允许这样做了。如果在练剑的时候，做了一个不是剑的运动规律所允许的“缠头裹脑”的动作，那一定会受到批评，批评练剑的人“不懂道理”（即不懂运动规律），或者批评“这套东西”（套路）不合“规矩”。再如：太极拳中的踢法有分脚、踢脚、蹬脚、摆莲等四种不同的运动规律。如果不理解它们，不熟悉它们不同的运动规律，在运动里面就不能正确掌握它们的运动方法，就会做成分脚是那么一抬腿，踢脚也是那么一抬腿，蹬脚还是那么一抬腿，分、踢、蹬三种分不清楚，这就表达不出它们不同的真实意义，也显示不出“动作语汇”的丰富和美丽。

所以，练习武术必须首先要熟悉、理解和掌握各种技击动作的运动方法和运动规律，掌握牢它们不同的力点、方位和路线，熟悉它们不同的运劲程度和运动速度，并要在运动过程中把它们清清楚楚地表达和刻画出来，还要严格地遵守这些严密的运动规矩。

第二节 八 法

“八法”是什么呢？“八法”是“手眼身法步，精神气力功”，它关系着人体的上肢、头部、躯干、下肢、精神、呼吸、力量和技术的“手法、眼法、身法、步法、精神、气息、劲力和功夫”八个部分。中国的武术运动，对这八个部分在运动方式和方法上的要求是：“拳如流星，眼似电；腰如蛇行，步赛粘（音 zhān）；精要充沛，气宜沉；力要顺达，功宜纯。”现将这八个部分的要点分别说明如下：

一、拳如流星

“拳如流星”，是对上肢“手法”所提的运动要求。它要求“手法”的运动必须像流星般的轻快、敏捷、有力。它不仅是在拳、臂挥舞时要这样，而且在掌、腕的细致动作里也要这样，即使是一个抖腕、刁手的小动作，也要做得非常利落、干净，没有拖泥带水的感觉。

上肢运动要达到“拳如流星”的这种要求，就必须松肩活肘，使肩、肘、腕等关节器官在运动的时候，力求松活。肩僵肘死，上肢“手法”动作就显得呆板、迟缓；由速度而产生的力量，也会因此而发挥不出来。

“拳如流星”的这种要求，会不会使整个武术运动完全陷入飞快的境地？会不会使整个武术运动乱而无章？这是不会的。一般的武术运动，总是有活动性的动作在里面，也有静止性的动作在里面，既有“招”，也有“势”。“动如奔獭，静如潜鱼”，它不动则已，一动就要非常迅速。“拳如流星”的要求，只是指活动性的动作。这样，它不但不会使整个武术运动乱而无章，而是更能衬托出静止性动作的稳定，使拳术在运动过程里面有动有静，更加突出了“动迅静定”的武术特点。

二、眼似电

“眼似电”是对头部“眼法”所提的运动要求。“眼法”在武术运动里不是单独活动的，它必须是“眼随手动”“目随势注”。“手法”既像流星般地轻快、敏捷、有力，那么眼睛的注视，就要相应地像“闪电”般地明快和锐利。这种手到哪里眼到哪里的“眼法”变化，不仅和“手法”有着密切的关系，也和颈部的活动有关。如果拳向左侧冲出，颈部不活动，头不向左转，那就会形成“斜眼”瞄拳的怪相。因此，随着“眼法”的左顾右盼、上瞻下视、颈关节的灵活及转头变脸的快速，也是必要的。同时，更重要的是“眼法”还涉及到武术动作的意向问题。一般的说，武术的动作都有它的意向，进则是攻，退则是守；即使是静止时的拳势，也都含有“伺机待动”的意向。能把每个动作和势式的意向表现出来，武术运动就显得生动活泼，否则就会空洞无力。“眼法”是武术动作的意向趋向传神的关键。比如：向前进攻的动作，眼睛一定要注视着前方，如果看着旁边，该动作就失掉了进攻的意向；在前进动作的过程中出现了突然向后转身的动作，这意味着回击身后来的侵犯，这时一定要先回头，目光向后一扫，然后再迅速转身接做下面的动作，如果不先用目光向后一扫就转身出手，这个回击的动作也不会传神。至于静止时的拳势，必须使眼神向前凝视，目光像“闪电”般锐利，这样才能把“伺机待动”的意向表现出来。中国的武术运动是特别强调传神的，因此“眼法”必须做到“眼随手动”“目随势注”“眼如闪电”。

三、腰如蛇行

“腰如蛇行”，是对躯干“身法”所提的运动要求。“身法”在武术运动里分为：闪、转、展、缩、冲、撞、挤、靠、折、弯、俯、仰。这些“身法”的变化，多是“主宰于腰”，因而“腰如蛇行”的“身法”要求，一方面是要求各种“身法”在运动的时候要像“蛇行”那样的灵活，有曲折有变化；另一方面也是要求胸椎和腰椎的柔韧性加强，使动作做得既柔软又坚韧。柔软则灵活，坚韧则有力，动作做得灵活、有力，又富有曲折变化，就不会使人感到枯燥干巴没有变化了。

“身法”包括胸、背、腰、腹、臀五个部分。在一般的武术运动里，是非常讲究挺胸、含胸、直背、拔背、塌腰、沉腰、收腹、鼓腹、敛臀、缩臀等运动方式和方法的。挺胸、直背、塌腰、收腹、敛臀的方式方法，一般多使用在由活动性动作进入到静止性动作的时候。在活动的时候，要求“身法”灵活多变；而在静止的时候，则要求胸、背、腰、腹、臀的“身法”完整、正确，所谓“招要圆，势要正”，“动圆定方”。如果在定势时是拱背、弯腰、凸腹、撅臀，那完全可以想象到它是不健康的不优美的。但是在活动的时候，仍是使用“挺胸”，那就会使胸椎僵硬、腰椎失去灵活，影响和阻碍了“身法”的曲折变化。所以“身法”还要做到“体随势变”，根据不同的动作采取不同的方式方法。

四、步赛粘（音 zhān）

“步赛粘”是对下肢“步法”所提的运动要求。“先看一步走，再看一伸手”，武术家们常说“打拳容易，走步难”。“步法”在武术运动里的确是比较难以处理的。它不仅要快，而且还要“像粘在地上一样”，不掀脚，不拔跟；它不能受上肢、躯干活动的影响，反过来倒要在运动中给上肢、躯干的活动提供必要的稳固条件。“步不稳则拳乱，步不快则拳慢”，“步法”的稳固和轻灵快速直接影响着武术运动的质量，因此必须做到“步赛粘”的要求，使下盘扎实。

武术运动里的手法、眼法、身法、步法，在运动过程中并不是分割开来孤立进行的，而是“眼随手动，步随身转”，手到、眼到、身到、步到，协调一致，紧密配合。这样才能使动作完整、和谐。

五、精要充沛

“精要充沛”，是对内在的“精神”所提的运动要求。应该把它理解为精神饱满、精神贯注，就是所谓“精足则神满”。如果精神不饱满、不贯注，那么动作就显得单调、空虚，没有气魄，只有皮肉，没有血。而精神要饱满得怎样程度呢？在武术运动中，精神要饱满得像雷霆万钧，像江河的怒潮，要显示出“怒”的气魄。然而这种怒的气魄并不是表现在脸上，而是贯注在动静的运动之中，这和中国的书法完全相同，它是“怒”在书法上面不是怒在人的脸上。《紫桃轩杂缀》曾称：“惊沙振蓬，狞兽渴骥，与担夫之争，公孙之舞，嘉陵江之水声，皆怒也。”这里所说的“担夫之争”，就是书法；“公孙之舞”，就是唐代公孙氏舞练的剑术运动。精神饱满，气魄怒振，拳势才能雄伟。怒又不是凶狠，凶狠则拧眉横目、呲牙咧嘴，这在武术运动里是绝不允许的。要做到“怒”的气魄，就必须在思想上具有武术的战斗意识，把自己摆进到一种充满战斗的场合里。这样，才能使武术运动势如浪涛，汹涌澎湃，精足神满。

六、气宜沉

“气宜沉”，这里指的是对“呼吸”所提的运动要求。“呼吸”在武术运动里关系着运动的持久性，也关系着劲力的推动。像一些结构复杂、动作快速、运动量大的武术运动项目，对氧的需要量极大。如果不善于掌握和运用“气沉丹田”的腹式呼吸的方式方法，就很容易气血上涌，使气息停留在胸间游动。气往上浮则内部空虚，空虚则气促，气促则吸入的氧不足，氧不足则力短，力短就不能使运动持久，就会面色发白，呼吸短促，头晕恶心，动作紊乱，运动的平衡性也就遭到破坏。所以，在运动的时候必须运用腹式呼吸，善于“蓄气”，这样才能使运动持久，才能保持运动的平衡，才能达到矫捷、矜持、从容不迫的要求。

武术运动的“呼吸”方法，除了“沉”之外，还有“提”“托”“聚”三法，合谓“提、托、聚、沉”。在一般的情况下，由低动作进入到高动作或由跳跃动作到高动作的时候，应该运用“提”法；在高势或低势的静止性动作出现的时候，则应该运用“托”法，在刚脆、短促的动作出现的时候，就该换用“聚”法；在由高动作进入到低动作的时候，又该运用“沉”法。这些呼吸方法随着动作而进行变化的时候，却始终遵循着“气宜沉”（实际是指蓄气而言）的基本要求。在不同动作、不同情况的下面，巧妙地运用各种不同的呼吸方法，是武术运动里颇为重要的问题，必须在实践中逐步地掌握它。同时运用也要自然，不要故意做作。

七、力要顺达

“力要顺达”是对“劲力”所提的运动要求。武术运动是要使劲、发力的。否则，运动就没有分量，就显得飘浮、松懈。但是如果使劲和发力不恰当、不“顺”，也会使运动僵硬、死板。武术运动最忌“僵劲硬力”，所以既要用力又要顺达。“力要顺达”，就须从“三节”“六合”着手。

“三节”，以上肢来说，手是梢节，肘是中节，肩是根节；以下肢来说，脚是梢节，膝是中节，胯是根节。“六合”，就是手、肘、肩、脚、膝、胯六个部位的配合（也有以眼、心、意、气、力、功为“六合”的，那是有关技击意识和技击实践的方式方法，在这里暂且不去谈它）。

比如：甩手、云手、向上抖手等动作，必须是“梢节起，中节随，根节追”三节均动，劲力才能顺达。又如：腿用力向前弹踢，必须是“起于根,顺于中,达于梢”，三节贯通，才能使力顺而不僵硬。

再如：上下肢的动作有互相牵涉的时候，如果是发力前冲的动作，就必须使脚、膝、胯的力量，通过腰力的媒介，从“送肩、顺肘”而传达到手或拳，使上下六部贯通起来，上下的劲力顺成一股。武术运动里的僵硬和死板，问题不在于用力的大小，而在于顺与不顺。所以在运动中，一定要善于掌握“三节”和“六合”，运用顺力，运用活劲。这样，运动才有分量，才重而不笨。

八、功宜纯

“功宜纯”，是对技术质量所提的要求。“功”是什么？“功”在这里指的是力量、速度、耐力、灵敏等身体素质和运动的各种技巧。“功”字本身就是从“力”从“工”的。所谓“纯”，就是“纯一不杂”。要使技术质量达到“纯”的地步，最重要的就是加强锻炼的实践。武术家们常说：“功夫是练出来的。”只有坚持锻炼，通过实践才能使身体素质和运动技巧不断地得到提高，才能使技术的质量由不纯逐渐到“纯”。同时，要使技术质量达到“纯”的地步，还要做到以下五点：

第一，体势要工整。每个动作势式，都必须按照一定的规格要求，做到准确、齐正、匀称，结构严整，路线清楚，一丝不苟。《华拳谱》里说：“五体称，乃可谓之形备。”“五体”即身体的躯干、两上肢和两下肢，共为五体，也唤作“五骨”或“五筋”。每一个动作、每一个势式，无不都是由这五条线组成的。如果这五条线结构得不工整、不匀称，就不能算完美。怎样才能做到工整、匀称呢？《华拳谱》里接着说：“其形方中矩，圆中规，自中衡平均施，敛束相抱，左右顾盼，八面供心。”武术的动作和势式，要是做不到“整”的话，不仅显得难看，而且力量也不容易发挥出来。比如“弓步冲拳”这个简单的动作，假若做成耸肩、弯腰、屈腿、撅臀，结构缩成一团，不舒展匀称，其形象一定是很难看的；同时，由于腿屈、腰弯、肩耸，就难以使力量蹬之于腿、主之于腰、送之于肩、顺之于臂、达之于拳。冲拳的力量就不能上下贯通完整地发挥出来。所以“功宜纯”，体势必须工整、匀称，做到一个“整”字。

第二，筋骨要遒劲。就是组成动作势式的“五骨”，每根线条都要具有遒劲。动作势式仅仅做到“整”，还是不够的，缺乏遒劲，只有皮肉没有筋骨，就成了空洞欲塌的架势。因此“体称劲遒”才能说是形质完备。怎样才能使“五骨”具有遒劲呢？要使“五骨”具有遒劲，它须从“撑、拔、张、展、勾、扣、翘、绷、顶、塌、收、沉”等法着手。例如：“弓步双推掌”这样一个动作势式。躯干这根线条的遒劲，就在于它的头向上“顶”，下颌向里“收”，项背向上“拔”，胸向外“张”，腰向下“塌”；上肢两根线条的遒劲，则在于它的肩向下“沉”，臂向前“撑”，掌指向手背一面“绷”，手腕向拇指一侧上“翘”；至于下肢两根线条的遒劲，还在于它前面腿的膝向前“顶”，胯向外“展”，髋向下“沉”，后面腿的膝向后“绷”，髋向下“沉”，脚向下、向后“撑”，脚尖向里“扣”。这样，五根线条都由于肌腱韧带的极力伸缩而处在紧张的状况之下，具有剑拔弩张之势，遒劲就由此产生出来了。

第三，心力要坚强。这是要求内心里面也要鼓足一股劲。武术的形体动作都有它的意向，要把动作意向表现得完美，内心必须参与一起活动。这个特点决定了武术的形体动作一定要“心动形随”，它随着内心意识的活动而运动。心力不坚，那么形体的动作势式就会松懈，遒劲也不可能刚健，所谓“心力不坚，则无劲健”。而动作的意向则更难以表现出来了，动作没有意向，运动就失掉了生气。因此，心力要坚，要使内心里的一股劲和形体动作的一股劲两者内外结合起来，成为“合力”。这样才能做到劲力遒健，动有意向。

第四，招势要连贯。在一个套路里，所有的动作应该是“始终连绵相属，气脉不断”。所谓“连”，并不是说要把整个套路的动作不停顿地一气练完，中间没有间歇。而是要求在一招一式之间，必须做到“形断意连”“势断气连”，善于运用内在的心志活动通过眼神把前后动作的意向连接起来，使整个套路势势相连，无势不连。譬如“打虎势”是一个静止的姿势，从形式上来说它和后面的动作已经中断了。而如果把眼神凝视着远方，心志活动具有伺机待动的意识，那么它和后面的动作就从“意”上连接起来了。再如“弧形步转身腾空摆莲”这个动作，如果头不后摆、眼不向后注视，动作虽然没有间歇停顿的现象，但严格说来这已失去了连贯。因为“转身摆莲”是个类似“回马枪”的动作，弧形步时眼向后看是表示诱敌深入，而后转身向对方施展了摆莲腿。“弧形步”和“转身摆莲”的连接，正是由这个“意”连接起来的。没有了这个“意”，摆莲腿就成了孤立的动作，气势就中断了。“心动形随”，心志活动起着动作连接的重要作用，要注意这一点。

第五，阴阳要分清。在武术运动里，包含着动静、虚实、刚柔、快慢、伸缩、张弛、抑扬、顿挫、轻重、起伏以及内外、上下、正偏、左右等种种的对立因素。武术的传统说法唤作“阴阳”。善于掌握和运用这些对立因素的规律，动作就能做得更好。对立因素的某一方都是不能孤立地存在的。没有动，就没有所谓静；没有虚，就没有所谓实；没有刚，也就没有所谓柔……对立的两方，失掉任何一方，这一方就失去了存在的条件。中国的武术运动特别强调：欲要动先须静，欲要实先须虚，欲要刚先须柔……譬如冲拳发力，拳从腰间发出的时候，拳臂的肌腱都是比较放松的，手也握得不太紧，肩也不太下沉，这时是“柔”的状况；等到肘关节从后向前经过腰侧、臂做内旋的时候，手就握紧了，肩就向下沉了，拳臂的肌腱紧张起来了，这时才有了“刚”。有松弛才能有紧张，如果一开始整个拳臂就处在紧张的状况下，那这拳要它紧张时，它反而不能紧张了。这样，“刚”也就显示不出来。同时，发力的这对刚柔对立因素必须是在同一个运动过程中相互转化，不能把它们分割为两个运动过程，否则就失掉了对立的统一。其他的种种对立因素也都是如此。

以上所说的前四法是“八法”里的外四法，后面的四法是内四法。内外“八法”必须全面掌握，才能得心应手，内外统一，达到完整的地步。

第三节　十二型

“十二型”是什么呢？“十二型”是武术运动里的动、静、起、落、站、立、转、折、快、缓、轻、重十二种运动方式的定型。

武术运动里，有活动性动作、静止性动作、跳起动作、落下动作、两脚站的动作、单脚立的动作、转动动作、扭折动作、快动作、慢动作、轻动作、重动作。这些动作，快得要怎样快？慢得要怎样慢？站得要怎样站？立得要怎样立呢？在中国武术运动的发展过程中，人们不断地从对各种事物的观察和体验中创造了一套传统的富于形象化的格式。这就是：动如涛，静如岳，起如猿，落如鹊，立如鸡，站如松，转如轮，折如弓，轻如叶，重如铁，缓如鹰，快如风。

在“活动”时，一定要使运动气势像海浪那样激荡，滔滔不绝，如在万马奔腾的气势中仍然有稳定感和明朗感，做到“动要有韵”“动中有静”。在“静止”时，一定要使势式塑造得像大山那样巍峨，似乎任何强大的力量都推它不动似的。

在“跳起”时，要有猿猴纵身跳起时的那种机灵、矫健、敏捷的形象。而“落下”时，则要像喜鹊将要停落到树枝上时的那样轻稳。

单腿“独立”的动作，特别是从活动性动作转入到静止性的单腿独立动作的时候，要像鸡在奔走时突然听到了什么，立刻停步并蜷曲起一只脚那样，显示出动作的安定稳固。“站”的动作是两脚均着地的静止性动作，这种动作要像苍松那样巍巍地刚健、挺拔，在静止中含有活动的意味，使静和动密切地联系在一起，即所谓“静中有动”和“静而忌僵”。

“旋转”的动作，要像车轮那样绕着轴心转动，要善于创造和掌握运动的轴心，这样才能达到“圆”的要求。“折”是指扭身拧腰等转折的动作，它要求像弓那样越折越有力，含有一股反弹劲，不是折得很软而没有劲力，比如向左右两侧折腰，腰部柔软折得下去固然是好，但显不出一股连接后面动作变化的劲力来，就会使气势中断。“意不中断”，只有在“折”的动作中做出反弹劲，才能突出动作中的变化。

“轻”的动作要像树叶那样轻，才能达到动作“飘”的要求。“重”的动作要像钢铁那样重，但“重而忌狠”，不能咬牙切齿。

“快”的动作要像一阵风那样，但“快而忌毛”。“快易生爆”，火爆可以藏拙，动作就会不准确、不干净、不利索、不潇洒。“缓慢”的动作要像鹰在空中盘旋那样精神贯注、慢中有快，但“缓而忌温”。“慢易生懈”，要防止动作产生松懈的现象。

武术运动的“二十四要”，是最基本的技法，在平日锻炼的过程中要不断地揣摩、体会，使技术和技法统一起来，逐步地提高武术的运动水平。

附：人体肌肉图

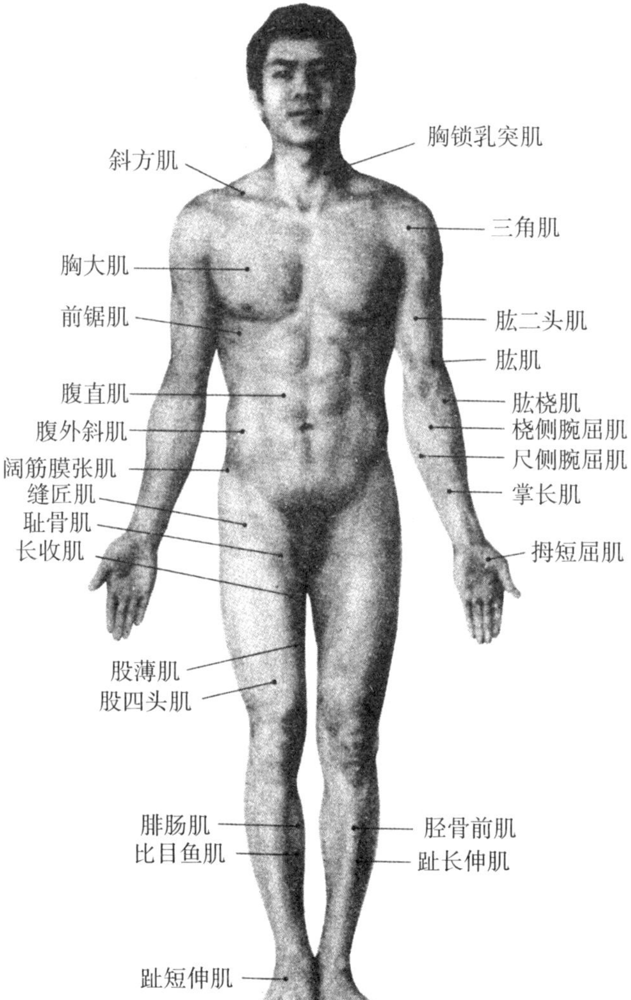

人体前面体表肌标志

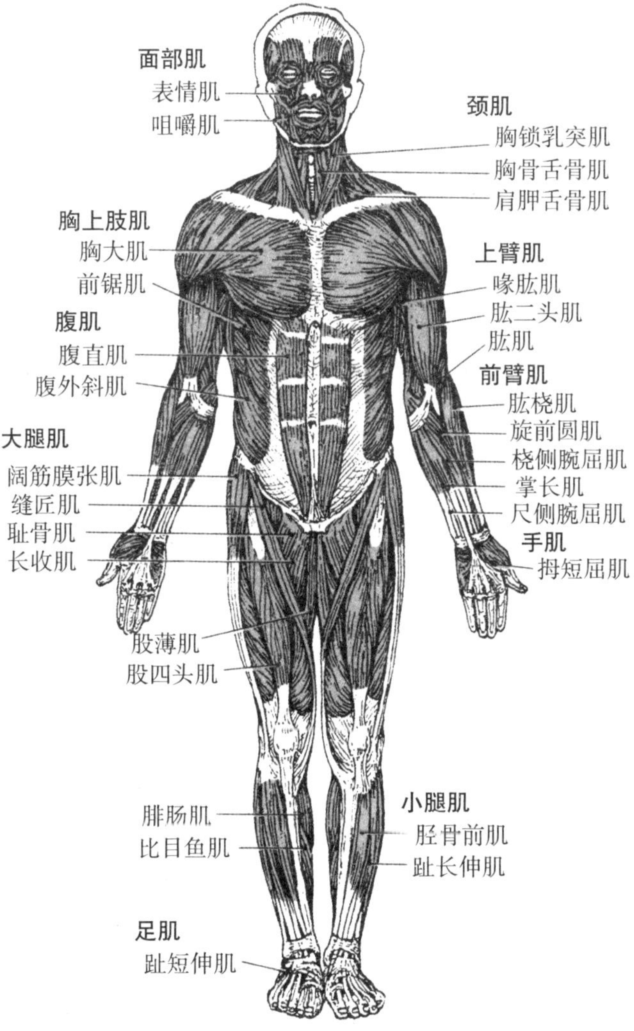
面部肌
表情肌
咀嚼肌
颈肌
胸锁乳突肌
胸骨舌骨肌
肩胛舌骨肌
胸上肢肌
胸大肌
前锯肌
上臂肌
喙肱肌
肱二头肌
肱肌
腹肌
腹直肌
腹外斜肌
前臂肌
肱桡肌
旋前圆肌
桡侧腕屈肌
掌长肌
尺侧腕屈肌
大腿肌
阔筋膜张肌
缝匠肌
耻骨肌
长收肌
手肌
拇短屈肌
股薄肌
股四头肌
小腿肌
腓肠肌
胫骨前肌
比目鱼肌
趾长伸肌
足肌
趾短伸肌

全身浅层肌肉（前面）

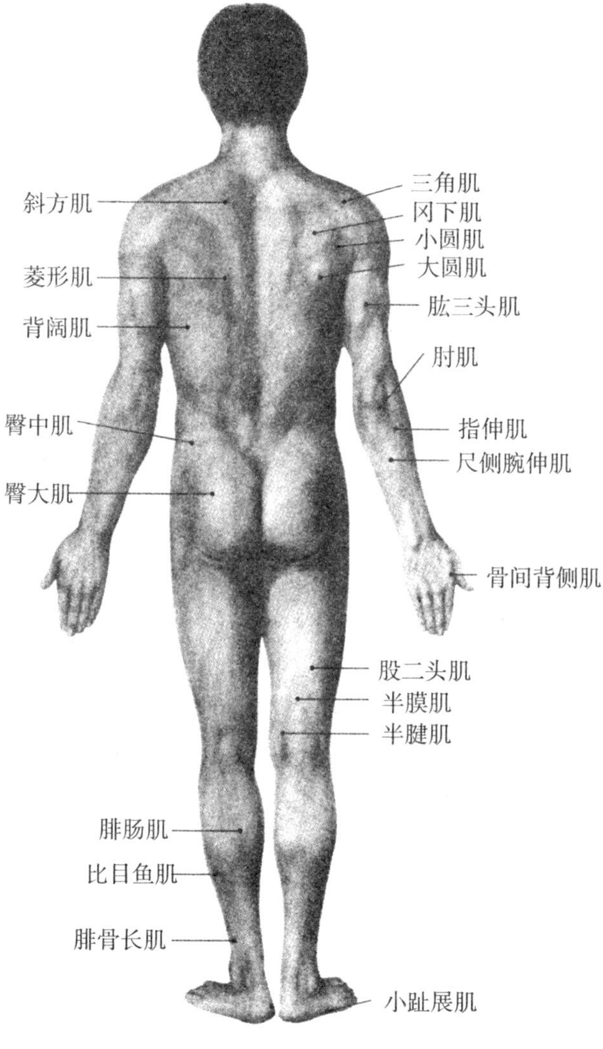

三角肌
斜方肌
冈下肌
小圆肌
菱形肌
大圆肌
肱三头肌
背阔肌
肘肌
臀中肌
指伸肌
尺侧腕伸肌
臀大肌
骨间背侧肌
股二头肌
半膜肌
半腱肌
腓肠肌
比目鱼肌
腓骨长肌
小趾展肌

人体背面体表肌标志

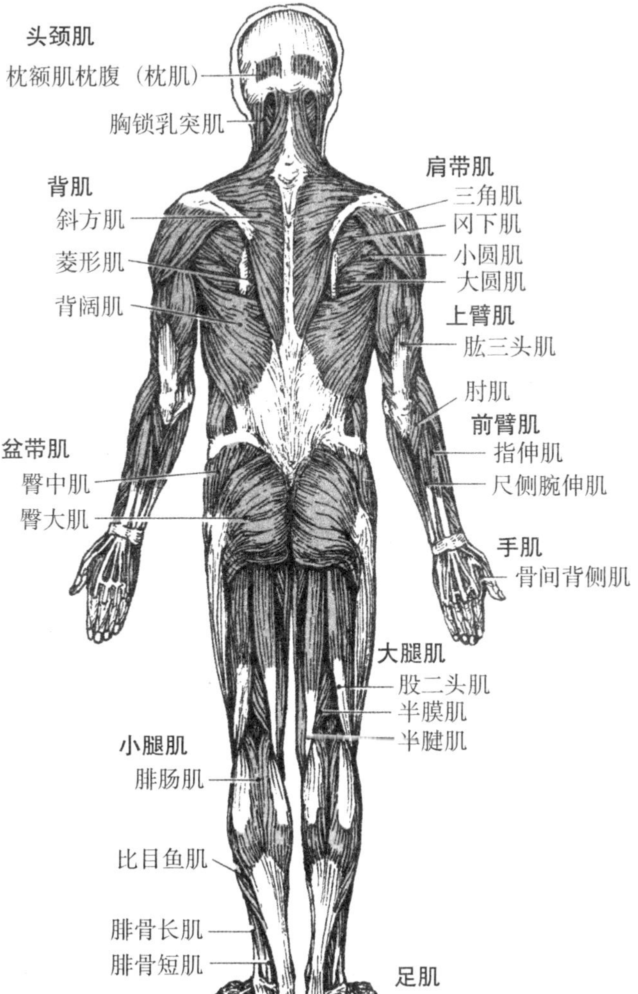

头颈肌
枕额肌枕腹（枕肌）
胸锁乳突肌
背肌
斜方肌
菱形肌
背阔肌
肩带肌
三角肌
冈下肌
小圆肌
大圆肌
上臂肌
肱三头肌
肘肌
前臂肌
指伸肌
尺侧腕伸肌
盆带肌
臀中肌
臀大肌
手肌
骨间背侧肌
大腿肌
股二头肌
半膜肌
半腱肌
小腿肌
腓肠肌
比目鱼肌
腓骨长肌
腓骨短肌
足肌
小趾展肌

全身浅层肌肉（背面）

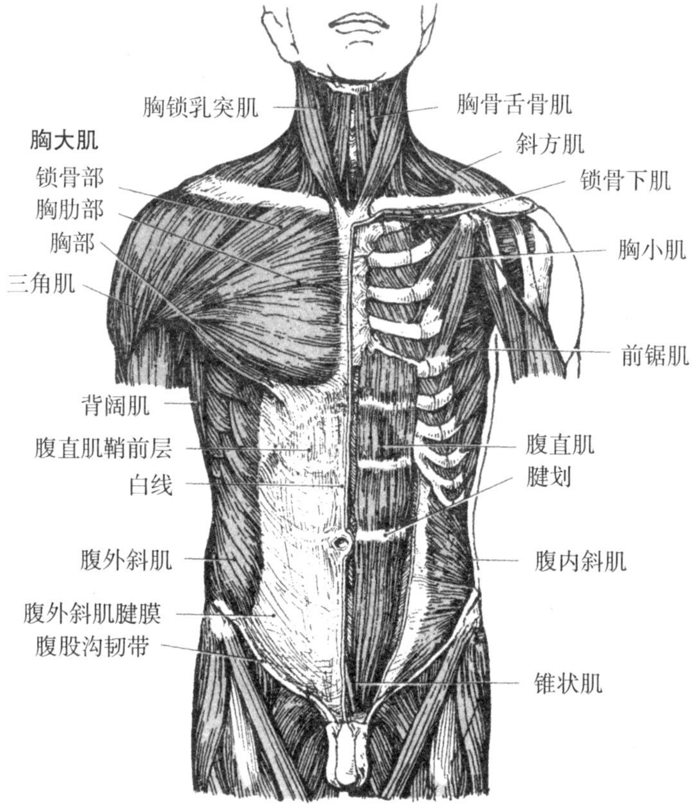
胸锁乳突肌
胸骨舌骨肌
胸大肌
锁骨部
胸肋部
胸部
三角肌
斜方肌
锁骨下肌
胸小肌
前锯肌
背阔肌
腹直肌鞘前层
白线
腹外斜肌
腹外斜肌腱膜
腹股沟韧带
腹直肌
腱划
腹内斜肌
锥状肌

胸腹肌、胸肌

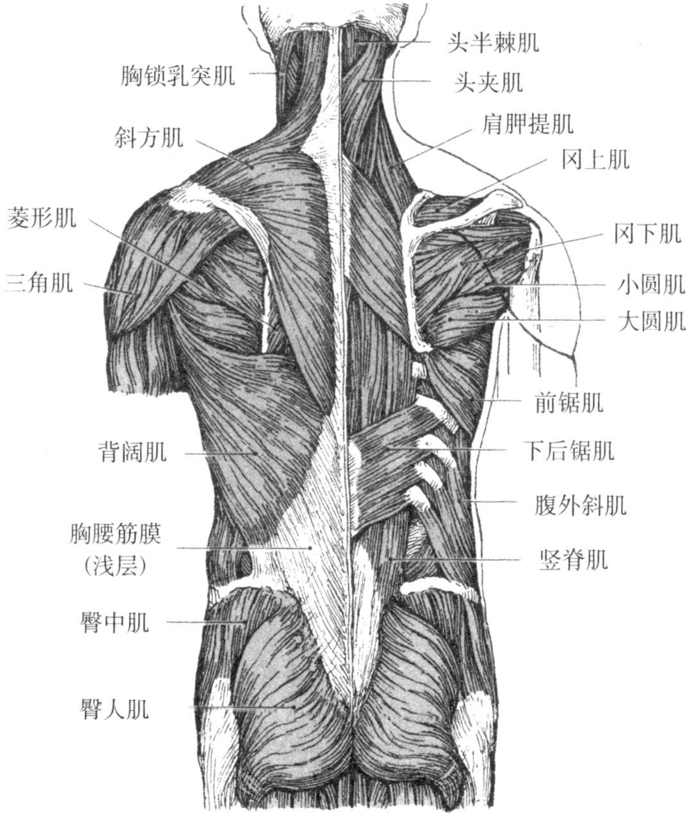
头半棘肌
胸锁乳突肌
头夹肌
肩胛提肌
斜方肌
冈上肌
菱形肌
冈下肌
三角肌
小圆肌
大圆肌
前锯肌
背阔肌
下后锯肌
腹外斜肌
胸腰筋膜
(浅层)
竖脊肌
臀中肌
臀人肌

躯干肌、背肌